Coaching 3.0

YECHEZKEL y RUTH MADANES

Coaching 3.0

Cómo coachear con excelencia usando las nueve maestrías de la IAC

EDICIONES OBELISCO

Si este libro le ha interesado y desea que le mantengamos informado de nuestras publicaciones, escríbanos indicándonos qué temas son de su interés (Astrología, Autoayuda, Psicología, Artes Marciales, Naturismo, Espiritualidad, Tradición...) y gustosamente le complaceremos.

Puede consultar nuestro catálogo en www.edicionesobelisco.com

Los editores no han comprobado la eficacia ni el resultado de las recetas, productos, fórmulas técnicas, ejercicios o similares contenidos en este libro. Instan a los lectores a consultar al médico o especialista de la salud ante cualquier duda que surja. No asumen, por lo tanto, responsabilidad alguna en cuanto a su utilización ni realizan asesoramiento al respecto.

Colección Psicología
COACHING 3.0
Yechezkel y Ruth Madanes

1.ª edición: marzo de 2021

Maquetación: *Juan Bejarano*
Corrección: *Sara Moreno*
Diseño de cubierta: *Enrique Iborra*

Edita: Ediciones Obelisco, S. L.
Collita, 23-25. Pol. Ind. Molí de la Bastida
08191 Rubí - Barcelona - España
Tel. 93 309 85 25
E-mail: info@edicionesobelisco.com

ISBN: 978-84-9111-675-2
Depósito Legal: B-3.360-2021

Impreso en Gráficas 94, Hermanos Molina, S. L.
Polígono Industrial Can Casablancas
c/ Garrotxa, nave 5 - 08192 Sant Quirze del Vallès - Barcelona

Printed in Spain

A la memoria de Mario, el papá de Yechezkel

Prólogo de José Manuel «Pepe» del Río, presidente de la International Association of Coaching

Me siento honrado por la invitación que me han hecho Yechezkel y Ruth Madanes para escribir el prólogo de *Coaching 3.0,* su trabajo más reciente. El agradecimiento y el gozo es doble, al estar escribiendo el prólogo de un libro que toma como parte de su centro de estudio las maestrías de coaching de la IAC (International Association of Coaching), y de cómo, apoyándose en ellas, un cliente de coaching puede lograr transformarse con el acompañamiento de un master coach. Estoy seguro de que este libro se convertirá en una herramienta infaltable en la biblioteca de todo coach comprometido con el coaching de excelencia, y para todas aquellas personas que realicen alguna investigación profesional acerca de la profundidad del coaching y particularmente de las maestrías.

Yechezkel y Ruth, fundadores de Madanes School of Enneagram Coaching, después de hacer una investigación de lo que ofrecía el mundo del coaching, se decantaron por ahondar en el estudio de las Maestrías de coaching de la IAC, al percatarse de que en ellas estaba implícito el marco de referencia necesario para que un master coach acompañe la transformación personal y profesional de un cliente. Cuando esto sucede, nos abrimos a un tipo de consciencia profunda y entramos en el mundo de las posibilidades infinitas, entendiendo que las acciones y posibilidades descubiertas desde el proceso de coaching, aunadas a la creación de futuro, solamente son sostenibles cuando transformo mi presente, aunque las circunstancias sean adversas.

Desde sus inicios, la International Association of Coaching puso su foco en la transformación y evolución de la mente, el corazón y el espíritu humano. Un ser humano que profundiza en este camino sabe que su cuerpo es un resonador importante de sus decisiones, y que de la mano de un master coach lo transita y descubre de una manera en la que posiblemente no estaba acostumbrado. El cliente utiliza este nuevo conocimiento como una herramienta fundamental para su toma de decisiones, al tomar consciencia de que el cuerpo es el primer retroalimentador de éstas. Esto se logra cuando el coach y el cliente aprenden no solamente a estar en el presente, sino como la maestría número 4 indica, a *procesar desde el presente.* Este es un elemento fundamental para la transformación personal y profesional. Dentro de las Maestrías de coaching de la IAC, procesar en el presente se define como:

> Enfocar toda la atención en el cliente, procesando la información a nivel de la mente, cuerpo, corazón y espíritu cuando es apropiado. *El coach acompaña* en la expansión de la conciencia del cliente para experimentar pensamientos y temas en estos niveles según sea adecuado. El coach utiliza lo que está sucediendo en la sesión (comportamientos del cliente, patrones, emociones y la relación entre el coach y el cliente, etc.) para ayudar al cliente a que llegue a un mayor nivel de conciencia y hacia acciones positivas y apropiadas.
> (La cursiva es mía).

Esto ilustra lo que experimentan el cliente y el coach cuando se embarcan en un camino desde dentro hacia fuera, del ser al hacer. Un camino que integra todo y desmenuza de acuerdo con las necesidades del cliente. Epicteto lo resumió así: «Primero dite a ti mismo qué quieres ser, y después haz lo que tengas que hacer».

La evolución de la conciencia no se regula, por el contrario, se estimula y se transforma, por lo que desde la IAC se ha puesto el foco en acompañar y demostrar la excelencia en el coaching, desde la confianza incondicional en el cliente y en su proceso. Una de las maneras de lograrlo es honrando los caminos que llevaron al coach a adquirir el aprendizaje. Al hacerlo, se desplaza la conciencia del paradigma limitante de la educación tradicional, en la que lo importante es el número de horas clase o si un coach tiene tantas horas de coaching o si ha dado tantas horas de coaching pagado. Este paradigma que se antoja antiguo se centra en el control y en «pretender» regular y estructurar el aprendizaje. Limitando con esto, lo que aparentemente busca es el dominio de la competencia, la libertad del crecimiento y la transformación del Ser. A diferencia de tenerlo regulado y bajo control, la IAC busca, como contrapropuesta, poner el foco en la responsabilidad y conciencia de la persona. Desde este espacio ofrece la posibilidad de, simplemente, demostrar su conocimiento y el talento en el uso de las maestrías, valores y código de ética de la IAC. Suena fácil, pero requiere mucha disciplina, romper con paradigmas establecidos y estar desde el paradigma del aprendiz; es buscar el para qué versus el por qué, tomar las riendas de tu educación y aprendizaje. Esto requiere pasar de buscar el para qué en lugar del por qué y así tomar las riendas de tu educación y aprendizaje.

Thomas Leonard (fundador de la IAC, organización que creó tras haber fundado la ICF) potenció un nuevo paradigma de comunicación y aprendizaje en el coaching profesional. Él sostenía que todas las personas tienen el potencial de poder convertirse en un masterful coach y creó la IAC como una estructura de soporte para poder demostrarlo. Dentro de este paradigma, en todo momento se honra el camino de cómo llega el coach con experiencia o el que apenas se asoma al mundo del coaching. Se proporciona un código de ética progresista y un marco de referencia que le permitan al coach acompañar la evolución y toma de conciencia de su cliente.

El trabajo de Yechezkel y Ruth toma este paradigma cuando analiza la evolución del coaching 1.0, al paso del coaching 2.0 y finalmente al cambio de paradigma que significa el coaching 3.0., donde la transformación personal comienza desde el Ser. Y es en este contexto que las maestrías han logrado magistralmente integran elementos propios de la naturaleza humana potenciándolos para generar un nivel de conciencia distinto.

Las maestrías de la IAC son el resultado de un esfuerzo global de más de 40 coaches expertos de todo el mundo provenientes de países, idiomas y culturas diferentes. Su meta fue contestar a la pregunta: ¿qué es lo que se puede observar en el fondo de toda sesión de coaching de excelencia? Y esto, independientemente de la escuela o de cómo aprendió coaching el coach. Como resultado de dicho trabajo, las maestrías están hoy en el centro de lo que hace grande a nuestra profesión. Las maestrías de la IAC trascienden culturas porque han tomado la esencia de lo que nos hace humanos. Mi buen amigo el coach Luis Gaviria dice que, si a las maestrías de la IAC le quitas la palabra «coaching», resultan guías operativas que te llevan al buen vivir. Me gusta decir que la manera de aprender las maestrías es viviéndolas, ya que de esa manera uno podrá convertirse en un catalizador de nuestros clientes.

Lo maravilloso de las maestrías y de la propuesta de que nos brinda *Coaching 3.0* es que estimula el crecimiento y la evolución humana, integrando y apostando por un tipo de experiencia transformadora.

Todo proceso transformador sabe que su esencia no se pierde, sino que se potencia. La IAC y este trabajo ponen su foco en la confianza y en toda acción significativa que es parte del Ser.

Para entender las maestrías dejando atrás el viejo paradigma de aprendizaje y regulación, se apuesta por el saber y por qué la evolución del ser humano está potencialmente implícita en cada uno de nosotros cuando nos hacemos responsables de nuestro aprendizaje. Me gusta la manera como Aristóteles expresaba lo que significaba la excelencia:

> «La excelencia es un arte ganado a base de entrenamiento y hábito. No actuamos correctamente porque tengamos excelentes virtudes, sino que somos virtuosos porque actuamos correctamente. Somos lo que hacemos repetidamente. La excelencia entonces, no es un suceso sino un hábito».

Para finalizar, permitidme compartir una anécdota: hace un par de años, conversando con Yechezkel y hablando de coaching, le pregunté: «¿Cuál es la manera de hacer coaching desde la IAC?». Diez meses después me compartió este libro, el cual te lleva a un viaje sobre la evolución del coaching desde sus orígenes hasta la actualidad; explica cuáles son los peligros de quedarse atascado en el pasado con enfoques de certificación obsoletos; describe por qué el futuro del coaching depende de la adopción de un marco integrador de mente-corazón-cuerpo-espíritu basado en una mayor conciencia, y por qué y cómo las nueve maestrías de la IAC son ese marco.

José Manuel «Pepe» del Río
Coach ejecutivo y de carrera
Presidente global de la International
Association of Coaching (IAC)

Introducción

El coaching es una profesión fascinante. Y su evolución también lo es. Desde los pioneros en el área en la década de los ochenta hasta hoy, ha experimentado un crecimiento explosivo. Pero también lo ha hecho el mundo: hemos visto increíbles cambios tecnológicos, sociales, económicos y ambientales.

Este libro te llevará en un viaje a través del papel de la profesión de coaching como una herramienta que puede servir a la humanidad a medida que evoluciona. Durante las últimas décadas, el coaching estuvo presente en cada cambio de paradigma, acompañando los cambios y ayudando a las personas y organizaciones a adaptarse y prosperar.

Estamos presenciando una transformación increíble: hace sólo unas décadas, era casi una insignia de honor para una persona estar al servicio de una organización durante veinte, treinta o cuarenta años. Nuestro amigo Ken Blanchard cuenta cómo, al principio de su carrera en la década de los sesenta, su madre le dijo llorando: «¡Hijo, tienes un trabajo para toda la vida!» cuando fue contratado en AT&T. Hoy, ese paradigma ha desaparecido y ha sido reemplazado por uno diferente: ahora, la corporación ya no está en el centro, la persona sí. Las personas necesitan que les guste su trabajo, y quieren que sea significativo. Bajo el viejo paradigma (el *paradigma Azul*, como lo llamaremos en el capítulo 1), cuando miraba el currículum de una persona y veía que la persona cambiaba de trabajo cada tantos años, habría pensado que la persona «tenía un problema» y probablemente era inestable e irresponsable. Tal es la magnitud del cambio que, según el paradigma de hoy, la persona que muestra un currículum con un trabajo estable y largo es vista como problemática, tal vez con aversión al riesgo o al cambio, sin objetivos claros, y tal vez incluso no apta para los desafíos de hoy.

Nos acercamos a una era única en la que, por primera vez en la historia, varias generaciones que operan bajo diferentes paradigmas (desde los últimos tradicionalistas hasta los *baby boomers* y la generación X, hasta los milenials) coexisten en el lugar de trabajo. Esto no tiene precedentes. Es realmente sorprendente ver cómo diferentes personas procesan la responsabilidad y el significado de manera distinta. En sólo unos años, la mayor parte de la fuerza laboral será de los milenials, y la búsqueda de significado tendrá un papel cada vez más central.

Mientras cambian los paradigmas, los seres humanos descubrieron que la vida no sólo se trata de trabajar y hacer progresos materiales, sino también de significado y pertenencia. El progreso es importante, pero también lo son las personas y el medioambiente. Más importante aún, estamos llegando a la conclusión de que lo que se necesita es una síntesis, un *equilibrio,* en el que pasemos del pensamiento «o… o» al pensamiento inclusivo e integral «y». De esta manera, podemos aspirar a vivir una vida equilibrada donde el progreso sea importante, pero coexista con el desarrollo humano y la conciencia. Y el coaching puede jugar un papel vital en este sentido.

En este libro, te invitamos a unirte a nosotros en este fascinante viaje donde, equipados con las nueve maestrías[1] de coaching de la International Association of Coaching y las últimas tecnologías que analizan los cambios y el desarrollo de paradigmas, descubriremos la contribución única que el coaching puede tener para la humanidad en su conjunto.

¡Que lo disfrutéis!

YECHEZKEL y RUTH MADANES

1. La International Association of Coaching (IAC) es un organismo independiente y mundial de certificación de coaches. Su misión es formar coaches bajo los más altos estándares de excelencia mundial. El riguroso proceso de certificación de la IAC evalúa la aplicación de nueve maestrías específicas que son el sello distintivo de los coaches más efectivos y distinguidos, y establece altos estándares para los comportamientos éticos, profesionales y comerciales del coach. Las maestrías se reproducen en este libro con permiso de la IAC. Una descripción más completa está disponible para los miembros de IAC.

Agradecimientos

Damos las gracias especialmente a José Manuel «Pepe» del Río, presidente de la Asociación Internacional de Coaching, coach legendario, pionero de la IAC y un verdadero maestro del arte del coaching. Cuando por primera vez escuchamos sobre las Nueve Maestrías® a través de una de las clases magistrales de Pepe, de inmediato nos fascinamos no sólo con el sistema, sino también con el IAC. ¡Gracias, Pepe, y que continúes tu gran trabajo inspirador en el mundo del coaching por muchas generaciones!

A Anthony Robbins y Cloé Madanes: Tony y Cloé, vuestras enseñanzas nos acompañan todos los días en nuestra vida personal y profesional. Ser parte del equipo del programa de entrenamiento de coaches Robbins-Madanes ha sido una experiencia que nos cambió la vida. No podemos agradecéroslo lo suficiente, y este libro es indudablemente un producto de su influencia.

Al doctor Ichak Adizes: ¡qué honor es poder trabajar y aprender de uno de los principales expertos mundiales en el cambio organizacional! Este libro, y prácticamente todos nuestros libros, no podrían haber visto la luz sin sus invaluables enseñanzas e ideas. ¡Gracias, Ichak!

Nuestro agradecimiento también va para nuestros amigos de toda la vida, Fernando Scopp y Natalia Villaverde. Siempre han estado allí con amor para compartir los momentos alegres y para apoyarnos en los momentos difíciles.

Para nuestra editora Lynn Cross: eres la mejor. ¡Deseamos que más autores puedan tener el placer de trabajar contigo!

A nuestros estudiantes, graduados y coachees de Madanes School of Enneagram Coaching: les agradecemos el que nos hayan inspirado constantemente con su dedicación, coraje y honestidad.

Para nuestras familias: su amor siempre ha sido una fuente de aliento para los dos. Gracias a cada uno de vosotros. ¡Os amamos más de lo que las palabras pueden expresar!

A Dios: por rodearnos de seres humanos increíbles y ayudarnos a hacer realidad nuestro sueño de trabajar en el coaching, la profesión que amamos.

¿POR QUÉ COACHING 3.0?

El mundo ha estado cambiando y continúa cambiando a un ritmo increíble. Acompañando estos desarrollos en el mundo en general, disciplinas como la psicología, la educación y el coaching también han sido objeto de continuos cambios y evolución.

Observa, por ejemplo, lo que ha sucedido en el campo de la educación. Hace décadas, el papel principal de un maestro era ser una fuente de conocimiento, y los estudiantes eran principalmente receptores pasivos de éste, podríamos llamar a esto educación 1.0. Los estudiantes simplemente se sentaban en las aulas y los maestros les transferían información. El campo evolucionó y los maestros agregaron una función de orientación. Podemos llamar a esta segunda etapa educación 2.0, una fase que también vio la importancia de desarrollar la *inteligencia emocional.* Hoy, el campo está evolucionando hacia la educación 3.0: los maestros comienzan a ser orquestadores de la creación colaborativa de conocimiento y también facilitadores de la *conciencia.* Los estudiantes son vistos holísticamente como poseedores de *inteligencias múltiples;* ya no son pasivos, sino activos en su propia educación, y tienen un sentido creciente de responsabilidad en el proceso educativo.

Del mismo modo, podemos llevar nuestra atención a un campo completamente diferente, la medicina, donde verás cómo, en sólo unas décadas, se produjo un cambio importante: de médico como autoridad y paciente como receptor pasivo, a un modelo de salud centrado en el paciente. El trato con los pacientes fue un tema importante de discusión con el modelo de medicina 2.0. En este momento, la verdadera revolución en la medicina occidental está sucediendo con el cambio de paradigma a la medicina 3.0 que ve al ser humano como un *todo.* El profesor de la Facultad de Medicina de

Harvard Jon Kabat-Zinn fue el primero en introducir la noción de conciencia y espiritualidad en un campo dominado por el modelo biológico. Con la medicina 3.0, ya no se ven la mente, el cuerpo y el espíritu como entidades desconectadas, sino que se ven como integradas en una unidad interrelacionada, con todas las partes impactando y siendo fundamentales para la salud y la curación. Ha surgido el nuevo campo de la medicina integrativa (también conocida como medicina cuerpo-mente). La medicina 3.0 se basa en un nivel de conciencia completamente diferente y más profunda.

Escucha al profesor Philip Kotler, el experto en marketing más respetado de nuestro tiempo, describe cómo el campo del marketing también ha cambiado de marketing 1.0 a 2.0 y ahora a 3.0. Al principio, las corporaciones veían al cliente como un simple comprador con necesidades físicas. La propuesta de valor de esas empresas era simplemente ser funcional. Eso fue el marketing 1.0. Luego tuvimos la ola de marketing 2.0, donde el cliente comenzó a ser visto como una persona inteligente con una mente y un corazón. La propuesta de valor de una empresa debía ser tanto funcional como emocional.

¿Qué está pasando hoy? Según el profesor Kotler, estamos asistiendo a la nueva ola de marketing 3.0: las empresas ya no sólo quieren vender cosas a los consumidores; sino que «hacer del mundo un lugar mejor» se está convirtiendo cada vez más en guía principal. *El consumidor es visto como un ser humano completo, con una mente, un corazón y un espíritu.* Por lo tanto, la propuesta de valor de una empresa ahora también debe ser *espiritual,* guiada por valores y principios que contribuyan a hacer del mundo un lugar mejor.

El campo de la psicología no es ajeno a estos desarrollos. Cubrir su evolución tomaría un volumen completo y está más allá del alcance de este trabajo, pero podríamos intentar analizar lo que sucedió: imagina las primeras etapas de la psicología, cuándo era una disciplina emergente y donde había un debate entre freudianos y conductistas, el primero se enfoca sobre el inconsciente y el segundo niega todo lo que no se puede ver ni medir. A partir de los perros pavlovianos condicionados de la psicología 1.0, podemos ver claramente un gran cambio hacia un enfoque más humano a partir de las décadas de 1950 y 1960, con el advenimiento de las terapias cognitivas conductuales, los enfoques sistémicos y más tarde el movimiento del potencial humano. Con Carl Rogers, escuchamos el término «terapia centrada en el cliente» por primera vez. Eso fue la psicología 2.0.

Con la psicología 3.0 llegó la exploración de la dimensión Ser y el reconocimiento de un ser humano más completo e integrado. Esto condujo a la incorporación del mindfulness y enfoques similares a la terapia. La palabra *espiritual* dejó de ser tabú, y el mundo de la terapia ahora está evolucionando hacia una visión más holística del ser humano. ¡Un largo camino desde los primeros días conductistas! Como consecuencia de todo esto, hemos visto la aparición de terapias como la terapia cognitiva conductual basada en el mindfulness, la terapia dialéctica conductual y ACT, las cuales comparten un componente central de mindfulness en su metodología y procesos.

Del coaching 1.0 al 2.0 y al 3.0

La evolución de la profesión de coaching también se puede entender bajo las mismas lentes. Al principio, la influencia deportiva en el coaching fue muy fuerte. El coaching 1.0 se inspiró principalmente en la psicología del comportamiento. El coaching fue percibido por muchos como una actividad cuyo único objetivo era mejorar los resultados, con un enfoque en el individuo y de una manera más competitiva. La asociación con el deporte y ganar era bastante inevitable. Después de un tiempo, trabajos como los escritos de Tim Gallwey sobre el «juego interno» comenzaron a apuntar hacia el coaching 2.0, donde, además de los resultados, se reconocieron las emociones internas y cómo afectan el rendimiento.[1] En el coaching 2.0, vemos no

1. También podemos afirmar que el concepto de *interferencia* de Gallway allana el camino para una discusión más profunda sobre la Presencia. *Véase* «Dominio de la Presencia» más adelante en este libro. Véase también Gallwey, W. T. (1979), *The Inner Game of Tennis*. Toronto: Bantam Books.

sólo la adición de emoción, sino también la inclusión de otras personas más allá del individuo. El coaching comenzó a ser reconocido no sólo por su valor para un individuo, sino también como una herramienta esencial para las relaciones interpersonales y el desarrollo del equipo.

El coaching 3.0 va más allá e incluye, como todas las disciplinas que describimos anteriormente, una visión holística completa del ser humano. **Se toma al coachee de una manera integral, que comprende mente, corazón, cuerpo y espíritu.** Además, el coaching 3.0 tiene como objetivo no sólo marcar la diferencia en la vida del coachee, sino también tener un impacto en la humanidad en su conjunto y en el mundo. En el coaching 3.0, existe una conciencia de la interconexión no sólo de todas las personas, sino de todas las cosas en el universo.

Las nueve maestrías y la evolución de la consciencia

Durante nuestro trabajo con el profesor Ichak Adizes,[1] nos presentó el trabajo del profesor Clare W. Graves sobre la evolución de la consciencia. El profesor Don Beck, discípulo directo de Graves y uno de los creadores de la versión moderna de la teoría de Graves, que Beck llamó «dinámica espiral» (SD, por sus siglas en inglés, *Spiral Dynamics),* es miembro de la Adizes Graduate School of California, donde yo (Yechezkel) también enseñé.

Hace unos años, estábamos escribiendo un libro con el doctor Adizes sobre coaching para parejas y él solicitó que usáramos SD para describir por qué las parejas tienden a pelear previsiblemente por las diferencias de valores. Inmediatamente nos fascinó el poder de SD y desde entonces hemos usado el modelo frecuentemente en nuestra práctica de coaching. En este libro, lo usaremos como un mapa para describir la evolución de la consciencia humana, así como el papel que ha desempeñado y puede seguir desempeñando el coaching mientras acompaña la evolución de la humanidad. La SD proporciona un marco muy útil para comprender lo que ha esta-

1. El doctor Ichak Adizes, profesor de la UCLA y la Universidad de Stanford, es el fundador del Instituto Adizes en California. Es uno de los principales expertos en *management* del mundo. Fue nombrado por el Leadership Excellence Journal como uno de los treinta principales líderes del pensamiento de Estados Unidos. Por su contribución a la teoría y la práctica del *managment*, el doctor Adizes recibió diez doctorados honorarios. Somos coautores de varios libros con él, incluido uno sobre coaching ejecutivo: *From Stuckness to Growth: Executive Coaching*, 2012: Charlotte, Carolina del Sur: Madanes School Publishing.

do sucediendo en el mundo en las últimas décadas y cómo los sucesivos cambios de paradigma que hemos presenciado han tenido un impacto directo en la evolución de la profesión de coaching.

Permíteme ahora ofrecerte una introducción rápida a la dinámica espiral.[2]

---

2. La SD es una teoría con un amplio alcance y se presenta aquí de una manera muy simplificada sólo en aras de comprender la evolución del coaching dentro de la evolución más amplia de la humanidad. Para un estudio más profundo, invitamos al lector a consultar tres libros: *Spiral Dynamics: Mastering Values, Leadership and Change,* por Don Beck y Christopher Cowan, 1996, 2005, Hoboken, Nueva Jersey: Wiley-Blackwell; *Reinventing Organizations: A Guide to Creating Organizations Inspired by the Next Stage in Human Consciousness,* por Frederic Laloux (intr. de Ken Wilber), 2014, Nelson Parker; *Integral Psychology: Consciousness, Spirit, Psychology, Therapy,* por Ken Wilber, 2000, Boulder, Colorado: Shambhala.

DINÁMICA ESPIRAL

En pocas palabras, la dinámica espiral es un mapa.[1] Imagina que pudieras rastrear cómo la humanidad evolucionó de un paradigma de pensamiento al siguiente a lo largo de la historia. Eso es lo que hace la SD: te brinda una hoja de ruta para comprender cómo, a lo largo de los siglos, la humanidad adoptó sucesivamente diferentes paradigmas (también llamados memes), cómo llegamos a donde estamos hoy y hacia dónde vamos. La SD es un mapa bastante impresionante, porque tiene el poder de describir cada paradigma y el conjunto de valores, necesidades y visiones del mundo que dominaron a la humanidad en cada etapa de su desarrollo progresivo.

La SD describe un modelo de paradigmas de desarrollo en espiral. La humanidad evoluciona de un «modelo de pensamiento» al próximo a medida que las cosas se vuelven más complicadas y se necesitan nuevas soluciones. La forma en la que ocurren estas dinámicas se puede representar como si sucediera en una espiral.

En cada etapa de la espiral, la humanidad ve el mundo a través de una serie de filtros (o esquemas) particulares. En cada etapa, hay un *statu quo,* pero en algún momento, el paradigma prevaleciente se vuelve insostenible debido a los problemas que crea y surge un nuevo meme para dar una respuesta a esos mismos problemas.

Hasta ahora, Graves ha identificado seis paradigmas, que Beck y Cowan (y más tarde Laloux y Wilber) han clasificado usando colores para facilitar su reconocimiento:

1. Ken Wilber lo ha llamado un «supermapa».

1. Beis
2. Púrpura
3. Rojo
4. Azul
5. Naranja
6. Verde
7. Turquesa

También existen subclasificaciones entre memes de *primer y segundo nivel:*

Primer nivel	**Segundo nivel**
Beis	Turquesa
Púrpura	
Rojo	
Azul	
Naranja	
Verde	

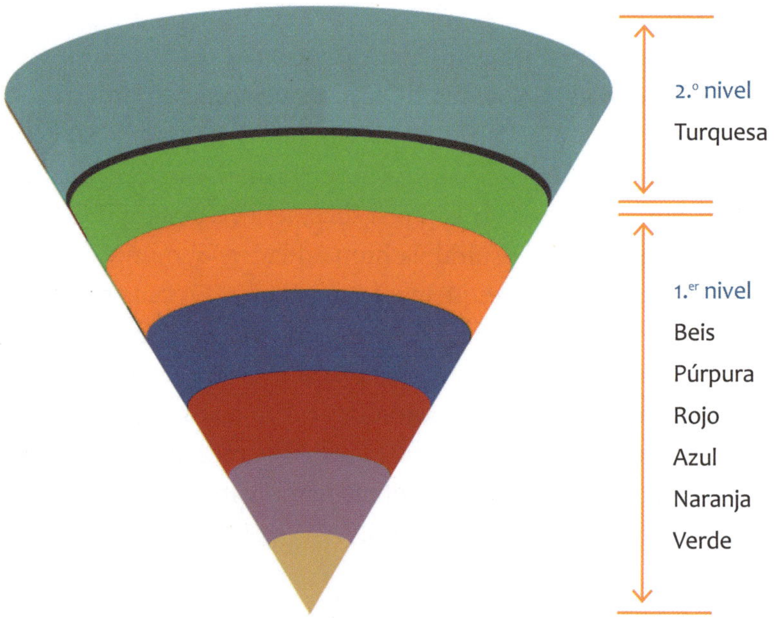

Como explicaremos más adelante en esta sección, esta distinción es importante, porque la transición del primer al segundo nivel marca un salto cuántico en la conciencia de la humanidad. Esto también tiene implicaciones clave para el coaching.

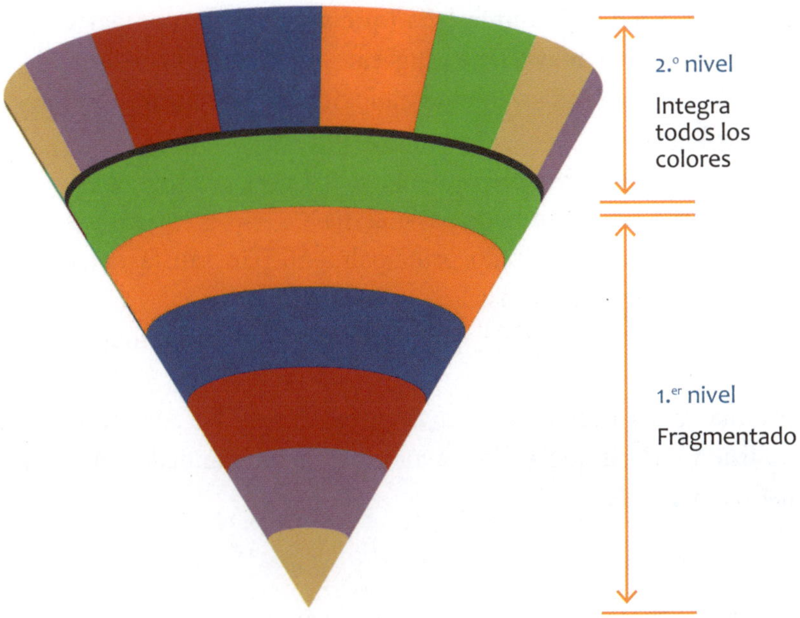

Paradigmas de primer nivel

Beis

Éste es un paradigma muy primario, básico y de supervivencia. Se trata principalmente de hacer lo que se necesita hacer para mantenerse con vida. Desde la perspectiva de la jerarquía de necesidades de Maslow, podríamos decir que cuando se necesita luchar por alimentos, vivienda y seguridad física, nada más puede tener prioridad. Psicológicamente, ésta es una forma de vida muy instintiva, y por ende hay poca conciencia de sí mismo.

Características positivas del paradigma beis:

- Te permite acceder a tus instintos.
- Te conecta con la inteligencia de tu cuerpo.

Desventaja del paradigma beis (qué sucede si se convierte en el paradigma principal o si se exagera:[2]

- Existencia exclusivamente biológica; no hay lugar para lo psicológico.
- Existencia automática, basada en hábitos.
- Sobrevivir, tratando de pasar el día.
- Enfoque muy limitado, principalmente para satisfacer las necesidades humanas básicas.
- No hay conciencia de «yo» como una entidad distinta.

Algunas áreas del mundo todavía viven bajo este paradigma, aunque podríamos decir que, en la mayor parte, la humanidad ha evolucionado a partir de él.

Púrpura

Nuevamente, bastante en sintonía con la jerarquía de necesidades de Maslow: cuando las personas logran alcanzar el nivel beis, surgen nuevas necesidades. Cuando las personas comienzan a organizarse en clanes, familias y tribus, la supervivencia se vuelve más fácil y todo el esfuerzo requerido para satisfacer las necesidades básicas libera recursos que entonces se pueden utilizar para necesidades psicológicas superiores.

---

2. La desventaja de un paradigma aparece cuando tendemos a usarlo en exceso casi como si fuera la única lente que existe. Solemos a ver todo a través de esa lente de una manera reduccionista. Cuando eso sucede, el paradigma se vuelve muy limitante y crea una serie de problemas.

Así es como la humanidad se mueve a lo largo de la espiral, de un paradigma a otro: cuando las condiciones de vida en la tierra cambian y nos enfrentamos a nuevos desafíos, ya no podemos confiar en el paradigma anterior, y esto allana el camino para el siguiente. Esto parece seguir el famoso dicho de Einstein: «No podemos resolver los problemas con el mismo pensamiento que usamos cuando los creamos».

En cada etapa, el paradigma prevaleciente alcanza un punto de saturación donde domina el pensamiento y el comportamiento humanos. Cuando eso sucede, comienzan a aparecer las primeras grietas y las condiciones de vida presentan desafíos que no se pueden resolver con el paradigma. La humanidad, naturalmente, pasa al siguiente paradigma, como respuesta a los problemas creados por el anterior.

El púrpura parece dar una respuesta a la necesidad humana de comprender la realidad, de darle sentido al mundo. Con el púrpura, vemos la primera aparición de los primeros modelos de realidad, basados principalmente en puntos de vista místicos.

Características positivas del paradigma púrpura:

- Acceso a la metafísica.
- Aparición de dinámicas familiares y grupales (en lugar de mis necesidades y mi supervivencia, ahora son nuestras necesidades).
- Lealtad a la familia y al grupo.
- Capacidad para conectarse a través de la imaginación, los rituales y la tradición. Respeto a las tradiciones; himnos y banderas.

Desventaja del paradigma púrpura (qué sucede si se convierte en el paradigma principal o si se exagera):

- Supersticiones. Acceder a la metafísica es una cosa, y la atribución automática de causalidad de una manera supersticiosa es otra muy distinta («porque usé mi camisa azul, esto o aquello sucedió»).

- La lealtad puede deteriorarse y comprometerse demasiado al grupo hasta el punto que la vida pertenece a la tribu (ejemplo: los guerreros kamikazes en la Segunda Guerra Mundial).

Rojo

El color púrpura en su apogeo crea un énfasis excesivo en el grupo a expensas del individuo. Con el tiempo, la dimensión individual sufre, dando lugar a las condiciones que iniciaran el próximo paradigma, el rojo.

En el rojo, el individuo reclama el poder y la voluntad de ejercer un control independiente sobre la vida. Por lo tanto, se produce un descanso del grupo. Pero existe la sensación de que «estamos solos» y que la vida es difícil, por lo que hay que ser fuerte para sobrevivir. Se percibe como una jungla.

Características positivas del paradigma rojo:

- Asertividad.
- Resiliencia en tiempos difíciles.
- Capacidad para recuperarse y continuar contra viento y marea, sin darse por vencido fácilmente.
- Usar instintos intestinales para comerciar y ganarse la vida; activación de instintos.

Desventaja del paradigma rojo (qué sucede si se convierte en el paradigma principal o si se exagera):

- Agresividad.
- Ir tras lo que uno quiere sin remordimientos y «como un tanque» si es necesario.
- Una visión animalista/de supervivencia del ser humano. «La selva. Comer o ser comido». Cuando ésta es tu visión del mundo, crees que será mejor que seas fuerte o que te comerán vivo.

Según la mayoría de los psicólogos especializados en la psicología del desarrollo, el rojo marca la primera aparición en la historia humana de organizaciones y personas que trabajan en ellas y para ellas. Las organizaciones que aplican el espíritu rojo puro dominan a las personas que trabajan para ellos de diferentes maneras. Debido a que es un paradigma individualista, estas organizaciones generalmente están fundadas por un individuo fuerte que gobierna con puño de hierro sobre las personas que trabajan para él. En un extremo, vemos la esclavitud y las organizaciones de tipo mafioso, donde «la vida es una jungla y más vale que seas fuerte» se aplica literalmente.

En formas legales más suaves, puede ver el rojo en las organizaciones de hoy que luchan ferozmente en el mercado, en los monopolios, en la adquisición hostil de empresas y en el despiadado estilo de gestión de Gekko (bien retratado por Michael Douglas en la película *Wall Street).*

En formas ilegales, encuentras el rojo en los escándalos de directores ejecutivos famosos acusados de acosar a los empleados y otras conductas sin restricciones.

Azul

En su punto de saturación, el rojo crea la necesidad de que la humanidad cree leyes y orden, para contener los peligros del rojo. La respuesta de la humanidad al rojo es el paradigma azul. Las condiciones de vida se vuelven tales que allanan el camino y liberan naturalmente el próximo meme a lo largo de la espiral, el azul. Hay un cambio de «lo que quiero» a «lo que quiere el sistema». En otras palabras, el azul aparece como una necesidad social para contener los impulsos negativos del individuo y restaurar el control y el poder de la sociedad.

Características positivas del paradigma azul:

- → Trae orden y estabilidad.
- → Crea un código de conducta y ética.
- → Hace cumplir principios y leyes.
- → Respeta la tradición.
- → Crea previsibilidad y seguridad.
- → Busca eficiencia y control.

Desventaja del paradigma azul (qué sucede si se convierte en el paradigma principal o si se exagera):

- Rigidez.
- No hay grises: las cosas están bien o mal.
- Pensamiento lineal. Concibe los fenómenos de forma lineal, como si los eventos estuvieran siempre en línea recta de A a B.
- Crea organizaciones con un enfoque burocrático. El énfasis está en control.
- Puede sofocar al individuo con un enfoque genérico de talla única para todo.
- Tareas y obligaciones primero, personas en segundo lugar.
- Las personas deben obedecer las leyes, independientemente de cómo se sientan al respecto. Castigo por desobediencia.
- Las personas deben saber qué hacer y la gerencia debe controlar y supervisar para obtener resultados.
- Condiciona a las personas a decidir basándose en el miedo a las consecuencias en lugar de alentar la verdadera elección.
- Mantener el *statu quo* a toda costa.
- Para progresar a categorías y niveles superiores en un trabajo, las personas deben obtener diplomas, estudios o cantidad de horas de servicio y capacitación específicos. Como explicó Frederic Laloux, «las promociones pueden pasar por alto a los más cualificados y dirigirse a la persona que cumple con los criterios correctos».

Naranja

El azul trae orden al mundo, pero demasiado orden y control y comienzas a sentirte empujado con fuerza hacia el conformismo y la obediencia: se espera que las personas hagan exactamente lo que se les dice, y no hay espacio para la creatividad y la innovación. El naranja aparece como respuesta a eso. En el naranja, la humanidad vuelve al deseo de libertad y progreso. Y el paradigma del naranja lo consigue mediante el empoderamiento del individuo nuevamente.

En el naranja, las personas comienzan a comprender que la autoridad puede, o no, tener siempre la respuesta correcta a todo y que el aprendizaje individual y la responsabilidad de la vida son importantes. Basado en este cambio, la humanidad ha sido testigo de revoluciones colosales. Con el individuo empoderado, hemos visto la aparición del investigador, la persona a la que se le permite explorar el mundo e inventar.[3] En conjunto, esto se convirtió en la revolución científica y el nacimiento de las ciencias modernas. Durante casi trescientos años, el naranja creció como un paradigma global, hasta el punto de convertirse, en las últimas décadas, en la cosmovisión dominante en los negocios y la política.

Características positivas del paradigma naranja:

- Empodera al individuo y origina el «yo emprendedor» (lejos del estereotipo conforme creado por las burocracias azules.[4]
- Práctico, de ritmo rápido.
- Modernización de la sociedad. Prosperidad sin precedentes.
- Fomenta a las personas que asumen la responsabilidad de su destino.
- Invita a la posibilidad: el cielo es el límite de lo que se puede lograr si uno trabaja duro para alcanzar una meta. Y por primera vez en la historia, cualquiera puede ascender en la escala según el mérito. (El azul tiene una tendencia a definir arbitrariamente quién pertenece a qué clase social y preservar ese *statu quo).*

---

3. Nos gusta la observación de Ken Wilber sobre esta fase de transición de azul a naranja, donde nos recuerda que la clase dirigente azul se negó incluso a mirar a través del telescopio de Galileo por temor a haber descubierto una verdad que pudiera contradecir las verdades comúnmente establecidas de la era azul. A pesar de todos los intentos de sofocar la investigación y el descubrimiento, el azul no pudo contener la explosión del naranja que estaba teniendo lugar. Véase Laloux y Wilber, 2014.

4. El conflicto entre azul y naranja está quizás mejor ilustrado por la famosa cita de George Bernard Shaw: «El hombre razonable se adapta al mundo: el irracional persiste en tratar de adaptar el mundo a sí mismo. Por lo tanto, todo progreso depende del hombre irrazonable».

Desventaja del paradigma naranja (qué sucede si se convierte en el paradigma principal, o si se exagera; «naranja no saludable»):

- Negar/dejar de lado los sentimientos para ser más eficiente.
- Un enfoque de «el fin justifica los medios» que busca el progreso y ganar a toda costa, ignorando los principios y la ética.
- Medir el éxito sólo en términos de estatus, prestigio y progreso material.
- Para ganar y avanzar, el naranja no saludable puede destruir el medioambiente y el ecosistema de la naturaleza, sobreexplotando los recursos de la tierra sin escrúpulo.
    - Deshumanizar la fuerza laboral, esperando que las personas trabajen como máquinas sin alma y creando generaciones de adictos al trabajo.
    - Usar la deuda peligrosamente, para aprovechar ofertas arriesgadas para obtener ganancias rápidas.
    - No tener en cuenta las consecuencias a largo plazo de la acción de uno: lo importante es «lo que funciona ahora y me permite escalar».
    - Fomentar el consumismo como una forma de vida (distorsionar valores, colocar el éxito material por encima de todo).
    - Falta de significado: el progreso material como objetivo final, sin valores humanos.[5]
    - Generar crisis morales: al enfrentarse demasiado contra el paradigma azul, la moral azul y la integridad se pierden.

5. La metáfora de la escalera de Stephen Covey se refiere a ejecutivos poco saludables del naranja: «Es muy triste subir la escalera del éxito y "hacerlo" sólo para descubrir al final de tu vida que la escalera está apoyada sobre el muro equivocado».

Verde

En su apogeo en Estados Unidos en la década de 1980, el paradigma naranja comenzó a causar una serie de desastres que allanaron el camino para la aparición del paradigma verde como reacción. Cada vez más, los medios comenzaron a informar (como lo hacen hasta el día de hoy) un escándalo de naranja tras otro: avaricia corporativa, negocios turbios, crisis financieras, daños ecológicos. Ayer fue Enron, Lehman Brothers y la crisis financiera mundial de 2009. Hoy es el calentamiento global debido al abuso excesivo de la naturaleza por parte de las empresas. Mañana será otra cosa. Todos son retratos del naranja insalubre en acción, imparable en su incesante búsqueda de «más».

Según el paradigma verde, el resultado económico no puede ser el objetivo final de la vida y ya no puede guiar a las organizaciones como una brújula única.

El verde se indigna cuando ve la deshumanización de las organizaciones y su personal, como resultado de la dominación del naranja en el mundo de los negocios. Podemos ver expresiones de excesos de naranja en todas partes. En la mayoría de los sistemas de atención de la salud en los países desarrollados, los sistemas naranja obligan a los médicos a ver más pacientes por hora de los que son humanamente capaces. Como resultado, se puede pasar menos tiempo con cada paciente, y apareció una cultura conveniente que deja las relaciones a un lado en nombre de la productividad. No es sorprendente que la investigación muestre que el nivel de idealismo de un estudiante de medicina es significativamente más alto que el de un médico más experimentado, con estos últimos experimentando picos de agotamiento como nunca antes, lo que hace que la medicina sea considerada hoy como una de las profesiones más estresantes en el mundo.

Lo mismo se puede ver en prácticamente todos los entornos de trabajo: para el naranja, el pragmatismo es el valor más alto, y si eso implica que su fábrica arroja desechos al río más cercano y los contamina, o que los médicos no prestan suficiente atención a la relación médico-paciente, bueno, no es tan importante.

El verde viene a reparar eso, y su sueño es humanizar el mundo nuevamente.

Características positivas del paradigma verde:

- Pluralismo, igualdad, inclusión.
- Las personas no son «máquinas»[6] y no pueden ser tratadas como tales en sus vidas personales y profesionales.
- La vida no puede ser una carrera sin fin; es importante detenerse y pensar en el significado de todo.
- La cultura de la empresa es importante: la empresa es una gran familia, con una misión basada en una misión común, en la que se debe hacer que cada persona sienta que pertenece a ella. La compañía verde tiene como objetivo preocuparse por el individuo, la comunidad y el mundo.
- El trabajo en equipo es importante. Los empleados deben ser escuchados con empatía y deben ser nutridos, desarrollados y apoyados.
- Es importante que se escuche la voz de todos y que las decisiones se tomen por consenso.
- Proactividad para los derechos humanos y la construcción de la comunidad.
- El medioambiente debe ser protegido y cuidado.

Desventaja del paradigma verde (¿qué sucede si se convierte en el paradigma principal o si se exagera?; «verde insalubre»):

- A pesar de sus buenas intenciones, el verde puede adoptar una postura combativa y relacionar a las corporaciones y todo lo relacionado con el naranja con el mal.
- Ser demasiado duros con las personas que no se alinean con los principios verdes.
- Una tendencia demasiado extrema a abolir estructuras y reglas. El verde puede tomar una posición extremadamente combativa no sólo contra el naranja, sino también contra el azul. Esto deja

6. Laloux (2014) señaló que, curiosamente, como consecuencia de la influencia del naranja, el vocabulario que usamos hoy en día en la vida corporativa está lleno de metáforas de máquinas: «entradas y salidas, acelerar y pisar los frenos, subir el nivel, mover el aguja, etc.».

un vacío de reglas que puede ser extremadamente problemático. La permisividad se convierte en un efecto secundario no sólo en el mundo corporativo, sino también en otras áreas (como la crianza de los hijos y la educación).

- Relativismo y «horizontalización»: todo es importante en la misma medida. Todo es verdad en la misma medida. Ninguna verdad puede ser posible, sólo interpretaciones.[7]

Paradigma de segundo nivel

Turquesa[8]

Como Wilber, Beck y Laloux han señalado, el verde es un paradigma importante en la evolución de la consciencia, porque se trata de corregir las graves distorsiones producidas por el azul y el naranja, pero lo hace de una manera que aún refleja las peleas de memes de primer nivel. Y debido a eso, maneja mejor el arte de derribar las cosas en lugar de proponer alternativas que puedan funcionar en la práctica.

En el primer nivel, cada meme, cada color de paradigma, está en contra de otro meme. Cuando aparece el azul, lo hace en reacción al caos que crea el rojo. Cuando aparece el naranja, es una reacción a la compulsión azul de controlar. Y cuando aparece el verde, lo hace como reacción a los excesos del naranja.

La palabra *reacción* es clave aquí, porque el primer nivel se caracteriza por la reactividad. Y la reactividad se basa en el ego y, como tal, pone a las personas reactivamente una contra de la otra, en guerra entre ellas.

---

7. Como señaló el autor Enrique Rojas: «Volando lejos de las verdades absolutas, [con el verde] podemos terminar aterrizando en otro absoluto más: que todo es relativo».

8. La jerarquía de colores que estamos usando aquí es una adaptación del trabajo de Beck y Cowan (2006), así como el de Laloux y Wilber (2014).

El paradigma turquesa es el primero con la capacidad de unir todos los memes y detener la guerra entre ellos. Es un cambio a un orden diferente, un gran salto de conciencia.

En el turquesa…

- → **Salimos de la compulsión y la reactividad egoicas.**
- → **Salimos de la identificación con un meme** y de ahí a estar en contra de otros memes. Algunos ejemplos de cómo ocurren estas peleas intermeme:
    - «Soy ambientalista y odio las corporaciones. Todos son malvados y codiciosos». (Verde insalubre indiscriminadamente contra naranja).
    - «Estoy orientado a los resultados. No seas un llorón. Quiero gente que produzca. ¡No puedo empatizar y ser el terapeuta de mis empleados!». (Naranja insalubre indiscriminadamente contra el verde).
    - «La gente es perezosa. Necesitan que se les diga qué hacer y que se les supervise. De lo contrario, no se hace nada». (Azul insalubre indiscriminadamente contra el verde).
- → **Nos convertimos en *apreciadores de memes*** y entendemos que todos los memes son necesarios, en dosis saludables y para diferentes propósitos.
- → **Pasamos del pensamiento «o… o» al pensamiento «y»** y somos capaces de integrar diferentes perspectivas y aceptar la paradoja.

El turquesa es un salto a una dimensión diferente de la consciencia, porque la fragmentación causada por el ego ya no existe. Los memes de primer nivel son paradigmas divididos: dividen a las personas, colocan a las personas en una mentalidad egoísta de «nosotros contra ellos».

El turquesa es un *paradigma integrativo* de segundo nivel que se basa en la idea de que toda la humanidad está conectada a un nivel profundamente espiritual y que existe una ***unidad*** subyacente en todas las cosas.

Por qué el coaching del futuro debe basarse en el paradigma turquesa

El coaching debe basarse en el turquesa porque este paradigma abarca todas las inteligencias, no sólo las mentales y emocionales, sino también las inteligencias corporales y espirituales. En el turquesa, debido a que es un paradigma más allá del ego, el coaching puede adoptar un continuo más amplio, incluido el **transpersonal,** y no tiene miedo de hablar y trabajar con el alma humana. En el turquesa, el coaching es capaz de contemplar las dimensiones del Ser y el Hacer, y la conexión, la unidad de todo.

Como dijo John Whitmore, «El alma es tanto individual como universal al mismo tiempo. Si se experimenta, es la gloriosa unidad del universo».[9]

Muchos memes (especialmente el naranja) pueden tomar esto como supercherías o pueden estar confundidos y creer que lo espiritual no tiene nada que ver con los negocios o el coaching. Nada podría estar más lejos de la verdad.[10] Trabajar desde lo transpersonal puede acelerar el progreso y el éxito del proceso de coaching. Esto se debe a que, **al trabajar desde la unidad y los principios integrales,** te aseguras de que tú, como persona y tal vez tu organización como un todo, seáis **efectivos y eficientes, a corto y largo plazo.** El modelo del profesor Adizes lo demuestra elegantemente con los cuatro roles necesarios para que una organización sea saludable. En pocas palabras, la teoría explica por qué es necesario ser integral. He incluido un extracto de mi libro con el profesor Adizes como un apéndice al final de este libro si deseas estudiar el tema más a fondo.[11]

¿Qué queremos decir con ser integral? Que necesitas incorporar **un componente mínimo de todos los memes** para que puedas co-

---

9. Whitmore, J. (2016), *Coaching for Performance*, 5.ª ed.

10. En este sentido, cubriremos el importante trabajo de Janice Marturano y otros líderes empresariales destacados de Fortune 500 más adelante en este libro.

11. Además, recomendamos los libros del profesor Adizes sobre el tema, *Management and Mismanagement Styles* y *The Ideal Executive*.

nocerlos, estar familiarizado y ser funcional con todos ellos. Incorporar una dosis saludable de cada uno. Que no te falte ninguno. En el turquesa, supervisas toda tu espiral y te aseguras de que todos los memes coexistan allí en armonía.

Por lo tanto, en el turquesa no pones la productividad sobre las personas, o las personas sobre la productividad. No le otorgas a la administración un poder general que puede terminar sofocando la creatividad y haciendo que la organización envejezca. Y a la inversa, fomentas el emprendimiento y la asunción de riesgos, pero no a expensas de los controles.

Cuando trabajas con estos principios turquesa, puedes adentrarte en lo que el profesor Adizes llama *Prime,* la etapa óptima en el ciclo de vida de una organización.[12] Describir la teoría clásica del ciclo de vida de Adizes está más allá del alcance de este libro, pero en resumen y para el propósito de nuestra discusión aquí, lo que significa es esto: cuando adoptas el turquesa, estás en sintonía con el ciclo de vida de la organización y entiendes qué estilo de liderazgo es necesario en cada etapa del ciclo. En lugar de utilizar fórmulas de gestión genéricas basadas en un meme en particular, comprendes la necesidad de un enfoque integral, en el que se aplique lo que la organización necesita en cada fase en lugar de usar indiscriminadamente (y usar en exceso) la misma estrategia una y otra vez.

El turquesa se centra **en la excelencia de la función.** Y la excelencia de la función se puede lograr sólo mediante la *práctica,* no en la teoría. Esto tiene una implicación importante para el coaching: como Thomas Leonard ha señalado, no puedes convertirte en un coach en un aula o simplemente tomando un número específico de horas de coaching; esto sería una aplicación limitada de los principios azul, y mantendría el coaching en el primer nivel. No se garantiza que una persona pueda convertirse en un coach de excelencia sólo por el hecho de que haya completado un programa de capacitación de coach

12. Para obtener más información sobre la teoría del ciclo de vida del profesor Adizes, recomendamos su clásico *Managing Corporate Lifecycles –How Organizations Grow, Age and Die.* Santa Bárbara, California: Embassy Books, 2012.

de un número definido de horas. En el segundo nivel, el coaching turquesa, no hay certificaciones de coach *de por vida* (un concepto de paradigma azul), porque el coaching del futuro debe basarse en el aprendizaje continuo. Una vez certificada como coach, una persona necesita mejorar continuamente sus habilidades con planes de desarrollo profesional, donde el conocimiento del coach se renueva y fomenta constantemente. Como mostraremos más adelante, las nueve maestrías del coaching realmente pueden ayudar aquí.

En el turquesa, un coach puede crear un equilibrio entre la vida y su práctica de coaching en un estado de conciencia y siendo consciente de las gafas a través de las cuales ve el mundo. Desde ese lugar de conciencia, *el coach puede integrar y sintetizar conscientemente lo mejor de todos los paradigmas, logrando un equilibrio.*

Un coach turquesa es un coach de excelencia, de nivel superior, porque significa que el propio coach ha desarrollado una **conciencia** plena y es capaz de monitorear lo que sucede dentro y fuera de sí mismo y asumir la **responsabilidad** de sus propias acciones y su trabajo en el proceso de coaching.

Esto requiere manejar ciertas maestrías de coaching, sin las cuales este proceso no puede suceder y sin el cual los coaches permanecerán atrapados en el coaching de nivel uno. En la siguiente sección, estudiaremos las nueve maestrías de la IAC como un marco completo para el coaching 3.0, el coaching de excelencia turquesa de nivel dos.

Resumiendo: Coaching 3.0 y dinámica espiral

Para finalizar este capítulo, permítenos ahora reunir en la siguiente tabla un resumen de lo que hemos presentado hasta ahora.

Evolución del coaching	Se establece en la corriente mayoritaria del coaching sobre la década	Nivel de dinámica espiral	Centro de inteligencia dominante
Coaching 1.0	1980	Naranja	Mente
Coaching 2.0	1990	Verde	Mente-Corazón
Coaching 3.0	2005 en adelante	Turquesa	Mente + Corazón + Cuerpo + Espíritu

La necesidad de un conjunto completo de pautas para la profesión de coaching

A medida que el coaching evoluciona de 1.0 a 2.0 y a 3.0 y de paradigmas de primer a segundo nivel, existe una creciente necesidad de tener un sistema que pueda cubrir todas las necesidades evolutivas y garantizar que los coaches puedan hacer su trabajo con excelencia.

Las nueve maestrías de coaching (9M) de la IAC integran todos los aspectos del coaching, desde 1.0 y 2.0 a 3.0. Y permiten un cambio del pensamiento de primer al segundo nivel. Esto es así porque cubren las dos dimensiones más amplias de nuestra profesión: Ser y Hacer.

Las nueve maestrías de coaching de la IAC son:

1. Establecer y mantener una relación de confianza.
2. Percibir, afirmar y expandir el potencial del cliente.
3. Escucha comprometida.
4. Procesamiento en el presente.
5. Expresar.
6. Aclarar.
7. Ayudar al cliente a establecer y mantener intenciones claras.
8. Hacer surgir las posibilidades.
9. Ayudar al cliente a crear y usar sistemas y estructuras de apoyo.

Para el análisis, y dentro del marco de nuestra discusión en este libro, las nueve maestrías también se pueden reorganizar de la siguiente manera:

Maestrías del Ser:

- Procesamiento en el presente.
- Escucha comprometida.
- Establecer y mantener una relación de confianza.
- Percibir, afirmar y expandir el potencial del cliente.

Maestrías del Hacer:

- Expresar.
- Aclarar.
- Ayudar al cliente a establecer y mantener intenciones claras.
- Hacer surgir las posibilidades.
- Ayudar al cliente a crear y usar sistemas y estructuras de apoyo.

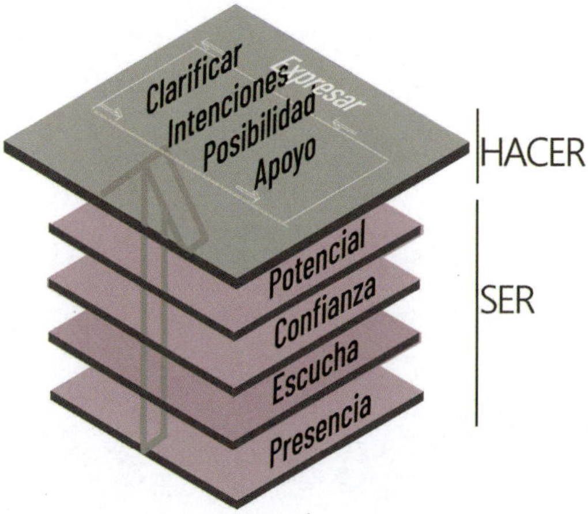

La figura anterior lo muestra de manera gráfica. Imagina el coaching como un edificio de varios pisos, con las maestrías del Ser como un lecho de roca para toda la conversación del coaching. Cuando estás presente, creando confianza, escuchando de manera comprometida y afirmando el potencial del cliente, creas el entorno más poderoso para que suceda la conversación de coaching: una vez que las maestrías del Ser están en su lugar, puedes avanzar de forma segura a la dimensión de Hacer haciendo uso las maestrías de expresión, aclaración, invitación y apoyo.

En otras palabras, la conversación de coaching (el «Hacer» del coaching) ocurre en la parte superior del edificio, pero se sustenta en todo momento por los sólidos cimientos las maestrías del no-

Hacer, como las columnas sobre las cuales el proceso de coaching está construido. Para coachear con excelencia, debes activar en todo momento las maestrías del Ser subyacentes y, además, las del Hacer. Si falta uno o más de las maestrías, el coaching no puede ser de excelencia y probablemente dará resultados mediocres.

Las nueve maestrías permiten a los coaches monitorearse a sí mismos y verificar que la dimensión subyacente del Ser esté allí en todo momento, y que la conversación de coaching (el piso superior) esté siendo sostenida por los cimientos de abajo (los niveles subyacentes).

¿Por qué estudiar las nueve maestrías de coaching?

> El coaching es el arte sutil de conectarse con otro ser humano en un espacio de confianza, diseñado para el descubrimiento y aprendizaje del cliente en un ambiente de libertad transformacional.
>
> —José Manuel «Pepe» del Río

El propósito de estudiar las maestrías es incorporarlas a tu vida. Por un lado, te conviertes en coach al impartir sesiones de coaching, pero por el otro, te conviertes en coach en la medida en que comienzas a incorporar las nueve maestrías en tu vida diaria.

En la misma medida en que puedas fluir[1] en una sesión de coaching y sentirte cómodo con la incertidumbre y a gusto con la exploración y con los errores, y comenzar a ver el potencial en las personas independientemente de quiénes sean, en esos mismos momentos, estarás creciendo no sólo como ser humano, sino también como coach.

Uno de los principales objetivos y prioridades de las nueve maestrías es **fortalecer la conciencia,** porque la conciencia es el vehículo a través del cual puedes salir del coaching mediocre y rígido de primer nivel al coaching de excelencia de segundo nivel. La conciencia

1. Véase el libro clásico de Mihaly Csikszentmihalyi, *Flow,* para una explicación más detallada de este concepto. Veremos esto con más detalle en las próximas páginas, en la maestría 4, «Presencia».

es lo que permite a los coaches brindar un coaching de calidad a sus clientes y abrir un mundo de posibilidades múltiples (y a veces, por qué no, incluso infinitas) para ellos.

Esta conciencia es un trampolín para una miríada de cosas buenas. Cuando los coaches son conscientes, también pueden asumir la responsabilidad total (y predicar con el ejemplo mostrando a sus clientes qué es realmente la responsabilidad). Porque que la responsabilidad no es sólo «responsabilidad» (como en español, donde la palabra *responsabilidad* puede estar asociada con el concepto de rendición de cuentas, una connotación más administrativa). La responsabilidad en el coaching es un término mucho más amplio. Somos responsables ante nosotros mismos, así que nosotros debemos asumir la responsabilidad y comprometernos con el aprendizaje continuo, el crecimiento continuo como seres humanos desde un lugar de conciencia, un lugar para poder romper los viejos paradigmas de primer nivel y evolucionar a niveles superiores. También ayudando y facilitando mecanismos de apoyo para nuestros coachees. A su vez, todas éstas son actividades que terminan contribuyendo a nuestro propio crecimiento.

¿Por qué la conciencia es fundamental para el desarrollo de la responsabilidad y por qué están vinculados estos dos conceptos importantes? El trabajo del neurocientífico de la Universidad de Santa Bárbara Michael Gazzaniga[2] nos da una respuesta interesante: a menos que seamos completamente conscientes de nuestros propios patrones, a menos que estemos completamente presentes, no podemos asumir la plena responsabilidad de nuestras acciones, simplemente porque no ser conscientes significa que estamos actuando «en piloto automático», no eligiendo activamente, no ejerciendo activamente nuestro libre albedrío. Sólo podemos ser responsables si somos conscientes de nuestros patrones, paradigmas y tendencias automáticos, y somos capaces de detener, discernir y actuar en función de

2. La investigación del profesor Gazzaniga sobre conciencia y responsabilidad es fascinante. Véase Gazzaniga (2012), *Who's in Charge? Free Will and the Science of the Brain*, London: Hachette.

una decisión consciente, no de algún patrón y condicionamiento automático. Esto está en el corazón del coaching, porque no podemos ejercer todo nuestro potencial y avanzar si los puntos ciegos de nuestra propia mente se mantienen en su lugar, sin cuestionamientos. En palabras de Jon Kabat-Zinn: «No podemos avanzar si no tenemos conciencia, si no la desarrollamos». Por lo tanto, el coaching depende del desarrollo de la conciencia, y un coaching de excelencia debe incluir el desarrollo activo de ésta.

Por eso, en nuestro enfoque, comenzamos con las maestrías del ser.

Parte 1

Las maestrías del «Ser»

La maestría de la presencia

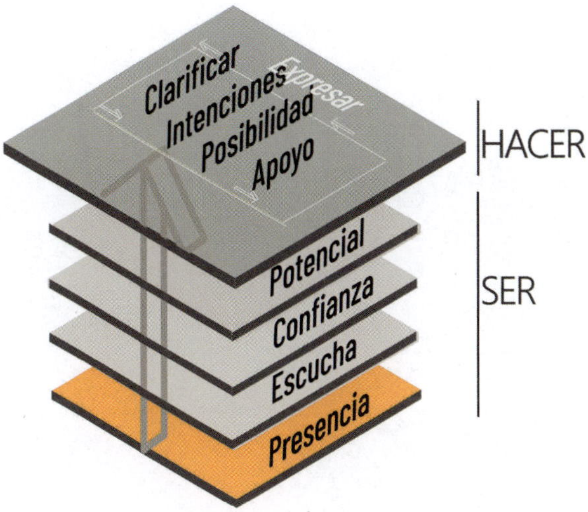

> Gracias al coaching y al desarrollo de la maestría de la presencia, pude notar en mi vida personal lo inconsciente que era. Como estaba constantemente distraído y «no me encontraba allí» con mi propia esposa e hijos. Mientras estaba sentado con ellos para la cena, todavía estaba pendiente de mi teléfono, otro mensaje de WhatsApp, otro correo electrónico, otro tuit. Mi atención se dividía. Físicamente allí, pero mi mente vagando por otro lado. Me di cuenta de que condicionar la atención de esta manera no sólo estaba perjudicando a mi familia, sino a mi trabajo como coach. Para coachear con excelencia, necesitas conectarte por completo con tus coachees, estar completamente allí. El desarrollo de la presencia me ayudó no sólo a estar allí para mis coachees, sino también con mi familia. El desarrollo de ese tipo de conciencia me ayudó a salir de mi piloto automático, de mis mil distracciones, y cambió la calidad de mi vida y mis relaciones.
>
> —Michael, coach ejecutivo

El procesamiento en el presente (la maestría de la presencia) puede entenderse como una base para todo el proceso de coaching.

La capacidad de estar aquí y ahora es una piedra angular debido a su profundo impacto en los procesos clave del coaching. Es la herramienta definitiva para apoyar un proceso de coaching que apunta hacia la conciencia y la responsabilidad. La presencia (o mindfulness, para usar un sinónimo muy utilizado) es un *habilitador* muy poderoso.

Una sesión de coaching nos permite procesar en el presente, por lo que, desde esa plataforma, podemos dar lugar a *lo que sea posible.*

En una buena sesión de coaching, se establece un objetivo para el futuro, pero inmediatamente volvemos al presente, al aquí y ahora, para identificar la forma en la que trabajaremos para lograr ese objetivo. La visión del futuro sólo tiene sentido en el momento. Esto es muy importante, porque normalmente vivimos en el tiempo: **nuestra mente está anticipando o recordando.** Eso se traduce en no estar presente: nuestro cuerpo está aquí, pero nuestra mente no. En la vida moderna, nos encontramos haciendo muchas cosas a la vez, pero como resultado, no podemos estar completamente presentes en la mayoría de ellas.

Así pues, una de las habilidades más importantes que un coach puede aprender es cómo estar completamente presente, *porque es desde esa presencia pura desde donde la otra persona puede despertar.* Y la relación de coaching es algo de un valor extraordinario, porque para muchas personas, ése es el único espacio en su vida donde pueden experimentar esa presencia plena y convertirse en ellos mismos. En otras relaciones, las personas son comúnmente juzgadas, evaluadas, criticadas... Pero la relación de coaching proporciona un espacio sin prejuicios donde el coach confía plenamente en el profundo potencial humano del cliente. Un coach que viene de ese lugar de presencia crea confianza y realmente disfruta de la interacción humana con el cliente. Esto se debe a que un coach de excelencia está principalmente allí para ayudar al cliente a expandir su presencia, a expandir la conciencia, no sólo para «resolver».

Desarrollar la conciencia

La maestría de la presencia te permite acceder a un mayor nivel de conciencia que permite una conexión completa con el coachee.

La presencia te permite amar a las personas por lo que son en su Ser. Te permite conectarte con tus compañeros humanos en los niveles más esenciales. Es bondad amorosa hacia el coachee. Debajo del «ruido» del ego y la personalidad, cada ser humano tiene una esencia incondicionada. Cuando puedes ver a cada ser humano como la esencia que es (en lugar de ver sólo los niveles superficiales de personalidad y ego que puede manifestar), el amor emana y, junto con él, la alegría, la buena voluntad hacia el coachee, la compasión. Puedes sentir la conexión, la unidad con el otro. Puedes sentir eso. Cuando no te acercas a tus coachees de esta manera, ¿qué ves? Sólo un cuerpo, apariencia física, modo de hablar, expresiones faciales... Eso es lo que generalmente percibimos primero. Observa cómo la mente y sus juicios pueden aparecer rápidamente cuando comienza a gustarte o no lo que ves de esta persona. Y te formas una idea en la mente sobre quién es este coachee. Por supuesto, estás equiparando su condicionamiento externo con quién es esta persona. Pero esto no es lo que realmente es, ésta no es la totalidad de su Ser, y ciertamente nos estamos perdiendo toda la dimensión del potencial, que también es parte de quién es esta persona. Piénsalo de esta manera: cuando miras a tus coachees así, realmente no estás teniendo una relación con ellos, estás teniendo una relación con tus propios pensamientos sobre ellos. No estás allí con ellos relacionándote realmente. Estás contigo mismo y tus propios pensamientos. La maestría de la presencia te invita a profundizar. Te invita a no quedarte atrapado en la superficie. A percibir a cada ser humano como su esencia y tener una conexión profunda, significativa, real y verdadera con él. Para estar realmente allí para él.

Reconocer lo que sucede en nuestra mente, nuestro corazón y nuestro cuerpo

La maestría de la presencia abre una nueva dimensión de conciencia ante ti, porque puedes comprender y experimentar por ti mismo que no eres tus pensamientos, no eres tus emociones y no eres tu cuerpo. En realidad, eres el observador de todo eso. Ésa es una visión enormemente poderosa y liberadora.

Crear conciencia consiste en tomar conciencia de las lentes particulares a través de las cuales vemos y confundimos la realidad. Imagina tener un par de anteojos negros: todo se ve oscuro a través de ellos y el mundo puede parecerte un lugar peligroso donde debes estar siempre a la defensiva. La forma en la que piensas, sientes y actúas está influenciada por esta visión del mundo, por estas gafas particulares.

En el otro extremo, podrías tener un par de anteojos rosados, donde todo parece demasiado agradable (muchas veces con un cierto efecto Pollyanna). Como con todo, tener este sesgo subconsciente hacia lo positivo tiene muchas ventajas, pero también se puede usar en exceso si se mueve hacia el piloto automático, lo que significa que tu forma de pensar, sentir y actuar está demasiado influenciada por esta visión del mundo.

Hablamos antes de cómo el coaching puede ayudarnos a alcanzar la ponderación, el equilibrio en nuestra vida. Es posible que te hayas acostumbrado a tus anteojos oscuros, y esto te enriquecerá si, de vez en cuando, usaras también un poco los rosados. Y si tiendes a ver el mundo a través de los rosados, tampoco te hará daño desarrollar un poco de realismo. De cualquier manera**, eso requiere conciencia: tomar conciencia de las gafas mismas. En coaching, invitamos a nuestros clientes a tomar estos lentes y mirar la realidad desde diferentes perspectivas. Cuando eso sucede, surgen nuevas posibilidades**.

Con esta maestría, podemos ser conscientes no sólo de nuestros pensamientos, emociones y sensaciones corporales, sino también de la conciencia misma (metaconciencia, lo que significa ser conscientes de que somos conscientes).

Neutralizar interferencias internas

Tu mente o tus emociones pueden estar hablando en voz alta en tu interior, pero esta maestría te ayudará a ver que no estás obligado a actuar de inmediato. La elección entra en escena. Esto es lo que diferencia al ser humano del resto de la creación: la capacidad de ser conscientes de nuestro propio pensamiento, sentimiento y actuación, hacer una pausa y decidir el mejor curso de acción.

Ver estos patrones de piloto automático puede ser extremadamente útil. Existen diferentes tipos de personalidad, y cada uno tiende a tener un condicionamiento único, con su propio conjunto de fortalezas, que viene en un paquete de desafíos y limitaciones predecibles. En cualquier caso, independientemente de las diferencias, todos tenemos una mente humana que produce pensamientos, principalmente de manera involuntaria. Por involuntario queremos decir que pensar no es algo que haces principalmente de forma voluntaria, sino más bien es como digerir. Digerimos los alimentos sin ser conscientes de ello. La mente también produce comentarios involuntariamente, de una manera bastante compulsiva. En la medida en la que desarrolles esta maestría, puedes usar tu mente, en lugar de que tu mente te use a ti, produciendo contenido sin parar (y creyendo e identificándote instantáneamente con él, cuando no hay conciencia de este proceso y no estás observando tu mente).

R. D. Laing escribió una vez: «El alcance de lo que pensamos y hacemos está limitado por aquello de lo que no nos damos cuenta. Y debido a que no nos damos cuenta, hay poco que podamos hacer para cambiar, hasta que notamos que el no darnos cuenta está dando forma a nuestros pensamientos y acciones».

En otras palabras, sin identificar nuestros pilotos automáticos, nuestros modos predeterminados, no podemos participar en un verdadero proceso de aprendizaje. Como Jon Kabat-Zinn señaló en *Wherever You Go, There You Are*:

> Perdimos momentáneamente el contacto con nosotros mismos y con el alcance total de nuestras posibilidades. En cambio, caemos en una forma robótica de ver, pensar y hacer. En esos momentos, rompemos el contacto con lo más profundo de nosotros mismos y nos obnubila nuestras mayores oportunidades para la creatividad, el aprendizaje y el crecimiento. Si no tenemos cuida-

do, esos momentos nublados pueden extenderse y convertirse en la mayor parte de nuestra vida.

Responde, no reacciones

La maestría de la presencia te permite implementar la idea ahora ampliamente aceptada de responder en lugar de reaccionar. Las raíces primigenias de la idea incluyen a Viktor Frankl («Todo se puede arrebatar un hombre, excepto una cosa, la última de las libertades humanas: elegir la actitud de uno en cualquier conjunto de circunstancias, elegir el propio camino») y Virginia Satir («Los problemas no son el problema. La forma en que te las arreglas es lo que marca la diferencia»). Pero fue el éxito de ventas de Stephen Covey en 1989 *The Seven Habits of Highly Effective People* lo que lo popularizó: «Entre estímulo y respuesta hay un espacio. En ese espacio está nuestro poder para elegir nuestra respuesta. En nuestra respuesta yace nuestro crecimiento y nuestra libertad».[1]

¿Cómo vamos a implementar estas ideas en la práctica? Covey dice que, al contrario que el reino animal, los humanos poseen cuatro dotaciones que son únicas para ellos. Estas dotaciones juegan un papel crucial en el coaching, ya que son elementos esenciales que afectan nuestra capacidad de ejercer nuestras decisiones. Las dotaciones son:

- Autoconciencia: Nuestra capacidad de vernos a nosotros mismos desde la perspectiva de un testigo externo y neutral. Esto es a lo que nos hemos referido en este libro en lo que respecta al desarrollo de la conciencia y la capacitación de nuestro «observador interno». Desarrollar una capacidad de autoobservación independiente es fundamental para tomar conciencia de cómo nuestras lentes particulares a través de las cuales vemos el mundo, nuestro condicionamiento, desempeñan un papel en

1. Covey, S. R. (1989). *The Seven Habits of Highly Effective People: Restoring the Character Ethic.* Nueva York, Nueva York: Simon and Schuster.

nuestra percepción y en el proceso de toma de decisiones. Nos ayuda a comprender que no estamos predeterminados y que tenemos opciones.

- Consciencia: Nuestra capacidad para distinguir entre lo positivo y lo negativo, lo que será constructivo para nosotros y para los demás, y lo que no. Cada persona tiene valores elevados y rasgos innatos que pueden contribuir al mundo. La consciencia es una dotación clave que nos ayuda a cada uno de nosotros a discernir lo constructivo y lo destructivo. Es, por lo tanto, otro elemento clave detrás de la elección.
- Voluntad independiente: Es la capacidad humana de pensar libremente y no aceptar automáticamente las ideas de los demás como base para nuestras acciones. Ésta es la capacidad de discernir por nosotros mismos, libres de influencias externas. Nos permite hacer lo que creemos que es correcto y desafiar o nadar contra la corriente siempre que sea necesario.
- Imaginación creativa: Ésta es la capacidad de imaginarnos a nosotros mismos a partir de nuestros desafíos actuales. Es una dotación clave para el coaching, ya que nos abre un mundo de infinitas posibilidades, y también nos permite concebirnos y visualizarnos en las numerosas posibilidades de crecimiento disponibles para nosotros.

Observa cómo las cuatro dotaciones están vinculadas, directa o indirectamente, a nuestra capacidad de estar presentes. Podemos decir que la maestría de la presencia está en el corazón de nuestra capacidad de elegir y responder sabiamente en la vida.

Estar completamente presente en el aquí y ahora

Al caminar, camina. Al comer, come.

—Proverbio zen

Gracias al coaching, pude desarrollar la conciencia de que cuando estaba en la playa, realmente no estaba allí. No sentía el sol en mi piel, ni escuchaba a los pájaros ni sentía la brisa en mi cabello. En realidad, estaba en otro lugar, donde mi mente me llevaba, lejos de allí. Estaba perdido en mis pensamientos. Estaba físicamente en la playa, pero estaba en otro lugar, reviviendo dolorosamente los conflictos pasados que tuve en la oficina y anticipando con ansiedad cómo reaccionaría ante eso. Estaba en el pasado o en el futuro, nunca habité el momento presente. Me faltaba la vida. Fue un momento verdaderamente liberador cuando descubrí esto en una sesión de coaching.

—Danny, emprendedor exitoso, dueño de una empresa líder

Ser capaz de habitar el aquí y el ahora es un componente clave en el coaching, porque la mente humana (la «voz en la cabeza») tiende a ser *adicta a vivir en la memoria o en la anticipación.*

La voz no es necesariamente relevante para la situación en la que se encuentra el coachee. Puede intentar revivir aspectos negativos del pasado («Nunca pude superar esto») o imaginar posibles escenarios futuros (cosas que van mal, lo que normalmente llamamos «preocupación»).

Esto puede nublar la visión clara de las posibilidades, las opciones y la elección, porque la mente está ocupada viajando al pasado y al futuro, y no quedan muchos recursos para ver las cosas como son. En esta coyuntura pueden tomarse decisiones ineficaces.

Estar en el presente también libera al coachee de vivir en el pasado y de perderse y culpar. Al dejar el pasado en el pasado, esta maestría te invita a dejar de culpar, a ser proactivo y a asumir la responsabilidad.

Habiendo dicho todo lo anterior, por supuesto no hay nada intrínsecamente malo en el pasado ni el futuro, y tienen su lugar en nuestra vida. Pero si el coachee quiere recordar el pasado o planificar el futuro, puede hacerlo con presencia: simplemente recuerda en el ahora y planifica en el ahora. Podemos hacerlo estando plenamente conscientes y de forma pacífica y tranquila.

Ser capaces de prestar atención libre de distracciones a nuestro cliente

La maestría de la presencia nos ayuda a prestar atención sin distracciones e indivisa al cliente. Permite el **acceso a un mayor nivel de conciencia que permite una conexión completa con el coachee.** Desde ese lugar puedes compartir lo que notas o sientes cuando eso puede servir al cliente.

Eckhart Tolle lo describe como un estado de alerta relajado: somos holísticamente conscientes de todo lo que está sucediendo, de manera multicapa y multimodal, con múltiples inteligencias activadas y a las que accedemos simultáneamente, pero estamos tranquilos y serenos.

Accede a la reserva de paz interior, silencio y calma

Vivimos vidas agitadas. Se ha dicho que nos parecemos más a «acciones humanas» que a «seres humanos», hasta tal punto que podemos perdernos en la dimensión de hacer de la vida y perder completamente de vista la dimensión del ser.

Acceder a la paz interior es fundamental para crear un ambiente seguro y sin prejuicios para el coachee. Este entorno será clave para la utilización en cascada de todas las maestrías y el proceso de coaching, y permitirá el florecimiento de la conciencia, la responsabilidad, la confianza y la capacidad de sentirse cómodo con la incertidumbre (que luego abre la posibilidad, a partir del ahora) potencial y posibilidad en su forma más pura (porque el pasado ya no interfiere).

Acceder a la paz interior también tiene implicaciones para la toma de decisiones y para la capacidad de **nuestros coachees de sentirse cómodos con la incertidumbre** en un mundo que cambia rápidamente. Janice Marturano, exejecutiva principal de Fortune 200 y directora de educación de liderazgo en el Centro de Atención Médica de la Universidad de Massachusetts, cuenta la siguiente historia sobre un ejecutivo de una empresa líder de alimentos en Estados Unidos. Había surgido una preocupación sobre una posible contaminación en sus productos, y el equipo ejecutivo necesitaba decidir si (y cómo) retirar una línea completa de productos del mercado:[2]

> Entró una llamada. No era una llamada cualquiera, era el tipo de llamada que exigía que dejara de lado cualquier otra prioridad. Había una gran cantidad de presión. Si no tomamos la decisión correcta, no sólo podríamos causar enfermedades a nuestros consumidores, sino que también enfrentaríamos una pérdida de millones de dólares y un daño significativo a la mar-

2. Historia resumida y adaptada de Marturano (2014), *Finding the Space to Lead*, Nueva York, Nueva York: Bloomsbury Press.

> ca. Mi equipo ejecutivo reunió toda la investigación y los datos. Nos reunimos durante horas, dos días seguidos, examinando datos [...]. Mark sugirió que comenzáramos cada reunión con un breve monólogo para compartir conclusiones y nuestras opiniones sobre el asunto. Cada uno de nosotros deseó en privado que hubiera un consenso entre nosotros. Pero no lo hubo. ¿Y ahora qué? Una opción hubiera sido comenzar una discusión sobre nuestros puntos. El debate típico que puede absorber enormes cantidades de tiempo y rara vez da como resultado una gran decisión. Generalmente es un compromiso, o una elección que sólo es aceptada por unos pocos. Había demasiado en juego aquí para que ése fuera nuestro próximo paso. Entonces, en lugar de continuar con una discusión, Sue sugirió que internalizáramos lo que habíamos escuchado y nos tomásemos un tiempo para reflexionar. Acordamos volver a reunirnos en una hora. Mark salió de la habitación y dio un paseo por el edificio. Sue encontró una habitación tranquila y vacía para sentarse. Yo fui a por una taza de café y regresé a mi oficina, cerré la puerta y me permití el silencio que necesitaba para asimilar todo lo que había escuchado y sentido durante el transcurso del día, el silencio que me permitiría escuchar con atención a mi intuición. Una hora después, volvimos y compartimos nuestras opiniones una vez más. Esta vez habíamos alcanzado un claro y fuerte consenso.

Esta historia proporciona un vívido ejemplo de cómo la presencia puede aportar la amplitud necesaria para activar nuestra *inteligencia primordial*. Al salir de la inteligencia de su mente, interrumpir el pensamiento analítico continuo y activar su cuerpo y su intuición, pudieron entrar en la presencia, sintiéndose cómodos al no saber, rindiéndose al «lo que es» del momento y, por el mero acto de aceptación, se produjo un flujo diferente.

Es posible que hayas experimentado el sorprendente fenómeno de no saber cómo resolver un problema y, de repente, después de una buena noche de sueño o una caminata alrededor de tu oficina, o incluso en la ducha, obtienes la solución aparentemente de la nada. La presencia te permite jugar con los centros, cambiar de una inteligencia a otra y fluir.

Como experimento, pruébalo cada vez que necesites tomar una decisión importante y veras qué es lo que sucede.

Sistema 1 y sistema 2 de Kahneman

(Presencia explicada para el coachee que está más inclinado a las explicaciones científicas)

En su éxito de ventas internacional *Thinking: Fast and Slow,*[3] el ganador del Premio Nobel Daniel Kahneman presentó un sistema innovador para la autoobservación que puede ayudar a las personas a tomar mejores decisiones e interrumpir el piloto automático.

El método Kahneman, basado en décadas de investigación científica, es especialmente útil con los coachees adversos a la terminología espiritual, porque básicamente habla de dos sistemas en la mente.[4] Proporciona un marco muy práctico para notar cómo tomas decisiones.

Según Kahneman, la mente humana se puede dividir en dos sistemas distintos, a los que llama sistema 1 y sistema 2. Las siguientes son sus características:

3. Kahneman, D. (2011) *Thinking: Fast and Slow*, Nueva York. Nueva York: Farrar, Strauss and Giroux.

4. En otras palabras, en el modelo de Kahneman, la mente se divide en dos, y una parte observa a la otra. En términos espirituales, el observador está más allá de la mente, una entidad separada, normalmente basada en la distinción entre cuerpo y alma. Este punto ha estado en el centro del debate entre científicos y personas de orientación espiritual (religiosas o no) durante los últimos tres siglos.

Sistema 1	Sistema 2
Rápido	Lento
Inconsciente, automático, pensamiento involuntario	Pensamiento consciente, deliberado e intencional
Fácil	Esfuerzo
No se puede apagar, siempre encendido	Se puede interrumpir cuando se desvía la atención
Puede poner tareas cotidianas y rutinarias en piloto automático	Puede manejar decisiones importantes que requieren criterios, opciones, pros y contras
No es consciente de sí mismo	Puede monitorear el sistema 1 y anular sus respuestas automáticas
Mantiene un modelo del mundo y lo mantiene en su lugar (basado en asociaciones y percepciones anteriores)	Es capaz de desafiar y concebir nuevas opciones y posibilidades

El sistema 1 tiene una función vital en nuestra vida: se encarga del reconocimiento, la percepción y la orientación, y nos permite realizar tareas repetitivas sin esfuerzo. Cuando se te pregunta algo como «¿Cuánto es 2 + 2?», respondes sin siquiera pensarlo. Lo mismo sucede cuando ya sabes conducir y se convierte en competencia inconsciente: lo haces en piloto automático; ya no necesita prestar atención a las tareas. Pero si te preguntaran «¿Cuánto es 18 x 43?», inmediatamente experimentarás que necesita reducir la velocidad, dejar todo lo que estás haciendo y concentrarte intensamente en la tarea. Ahí es cuando el sistema 2 está activado. El sistema 2, como puedes ver, requiere esfuerzo. Activa el cerebro intensamente y consume glucosa en grandes cantidades, produciendo fatiga rápidamente y, en algún momento, si lo usas por un tiempo, incluso una sensación desagradable. Ése es el «estiramiento mental» que sientes cuando estás aprendiendo. Se necesita un esfuerzo consciente e inversión hasta que las cosas se conviertan en una segunda naturaleza y puedas realizarlas de forma automática.

Pero sin el sistema 2, no serías capaz de concebir opciones y evaluarlas. No serías capaz de tomar decisiones conscientes basadas en tus valores y ser proactivo en tu vida. Estarías a merced de tus impulsos y serías incapaz de ejercer el verdadero libre albedrío.

A través del sistema 1, un coachee puede haber formado creencias limitantes en su mente basadas en asociaciones tempranas como «Nunca podré tener éxito financieramente, nadie en mi familia podría», y éste es el mismo sistema 1 que la mantiene actuando dentro de esa creencia limitante. Es posible que nunca puedas probar cosas nuevas porque, según la creencia, estás condenado al fracaso de todos modos. A través de la presencia y el sistema 2, puedes reconocer el patrón, salir de tu zona de confort y descubrir un nuevo mundo de posibilidades infinitas.

Sin el Sistema 2, otras áreas también sufrirían. No podrías hacerte cargo de tu vida emocional, porque este sistema permite el autocontrol y la capacidad de decidir qué respuesta dar a lo que sucede en tu vida. Sin el sistema 2, por ejemplo, reaccionarías agresivamente a la provocación, simplemente por defecto. O serías incapaz de seguir una dieta. El sistema 1 administraría tu vida y te darías respuestas automáticas inmediatas a todo.

Ejemplo: Jim era un coachee que llevó la siguiente situación a la sesión.[5] Lo coacheamos usando las herramientas de Kahneman. Mark, uno de sus colegas en la oficina, le había enviado un correo electrónico hostil y estaba tratando de hacerse cargo de un proyecto que le había sido asignado a Jim y en el que Jim ya estaba trabajando.

Lo siguiente fue la reacción rápida y emocional de Jim, del sistema 1. Es la reacción más fácil y sin esfuerzo, con lo cual estalló de inmediato cuando recibió el correo electrónico de Mark. Lo hizo saltar, casi como un reflejo.

Sistema 1
Me siento despreciado, que se me ha faltado al respeto. No puedo creerlo. ¿Cómo se atreve? Soy el gerente de proyecto oficial frente a nuestro cliente. Voy a responder con dureza. Va a aprender a no meterse conmigo.

5. Basado en una historia real de un cliente. Nombres cambiados por confidencialidad. Usado con permiso.

Con el sistema 1 autoactivado, Jim casi fue arrastrado a una pelea, pero ésa no habría sido la solución óptima para el desafío que enfrentaba. Como ya habíamos estado trabajando en varias sesiones de coaching, estaba familiarizado con la metodología y pudo ver la automaticidad de su reacción. Esto encendió una alerta roja, una preocupación. Como señaló Kahneman, el viejo y clásico consejo de «Actúa de manera tranquila y amable independientemente de cómo te sientas» es un muy buen consejo. Cuando reaccionas en el sistema 1, no hay espacio entre el estímulo y la respuesta. Estás reaccionando desde tus partes más primarias e instintivas. El sistema 1 desencadena la impulsividad en su esplendor.

Crear algo de espacio requiere un poco de esfuerzo, pero generalmente puede salvarnos de cometer errores costosos.

¿Qué hubiera pasado si Jim hubiera reducido la velocidad y hubiera cambiado al sistema 2? El cambio es ciertamente doloroso, y el sistema 1 hará literalmente cualquier cosa para sacarte de ese dolor. Odia quedarse allí, porque quiere deshacerse del dolor y rápido. Pero si el dolor puede tolerarse por unos segundos, surge la *posibilidad.* Y eso es lo que pasó.

Éste es Jim activando conscientemente su sistema 2, mientras que el sistema 1 todavía «habla» con insistencia:

Sistema 1	Sistema 2
Me siento despreciado, que se me ha faltado al respeto. No puedo creerlo. ¿Cómo se atreve? Soy el gerente de proyecto oficial frente a nuestro cliente. Voy a responder con dureza. Va a aprender a no meterse conmigo.	Ve más despacio. No envíes un correo electrónico todavía. ¿Qué otras opciones tengo?

Todavía escuchaba la insistencia de su sistema 1, pero estaba escuchando simultáneamente la voz interna de supervisión del sistema 2. Cuando eso sucedió, ya no estaba completamente dominado por el sistema 1 y se abrió una grieta a través de la cual podía entrar algo de luz. Esto es lo que pasó después. Jim pudo concentrar toda su atención en el sistema 2.

Sistema 2
Respetuosamente puedo mostrarle a Mark que el acuerdo escrito con el cliente me designa como gerente del proyecto. Puedo decirle que entiendo su voluntad de gestionar este proyecto, lo que sin duda es emocionante, pero desafortunadamente, según el acuerdo, eso no sucederá. Le escribiré un correo electrónico cortés con el acuerdo adjunto. Y plantearé el tema con calma en nuestra próxima reunión.

Observa cómo Jim dejó de escuchar la voz del sistema 1 (representado aquí por la desaparición de la columna 1). Se desvaneció. En ese momento toda su atención estaba en el sistema 2, y entonces comenzaron a aparecer opciones productivas. En lugar de reaccionar emocionalmente, podría llegar a un acuerdo y mostrárselo a Mark para aclarar la situación y resolverla con elegancia. Por supuesto, mientras Jim escuchaba el sistema 2, si le hubiera llegado un nuevo correo electrónico hostil de Mark, su sistema 1 hubiera vuelto a la vida de inmediato e intentaría recuperarlo. Recuerda que el sistema 1 es involuntario y automático, y que el sistema 2 se interrumpe fácilmente y requiere un esfuerzo sostenerlo.[6]

Como coach, puedes ayudar a tus coachees a visualizar sus sistemas 1 y 2 como un ejercicio para desarrollar presencia y conciencia.

6. Kahneman y su socio científico Amos Tversky demostraron cómo, desafortunadamente, la tarea de reactivar el sistema 2 se torna cada vez más difícil si ya lo has activado previamente. Cada activación del sistema 2 te agota la energía, y no es posible que los seres humanos hagan un esfuerzo sin fin tras otro. Experimentamos *agotamiento.* Imagina que Jim estaba a dieta. Según la investigación de Kahneman y Tversky, las posibilidades de Jim de caer en un tentador pastel de chocolate son significativamente mayores justo después de la provocación por correo electrónico de Mark, donde Jim ya estaba después de un esfuerzo significativo para activar el sistema 2. Debido al agotamiento, en ese momento queda menos energía restante para que el sistema 2 *también* se ciña a la dieta, por lo que las posibilidades de que el sistema 1 se haga cargo y se lance hacia el pastel son mayores. Esto se ve agravado por el hecho de que el sistema 2 activa fuertemente el cerebro, el mayor consumidor de glucosa del cuerpo humano. Por eso, después de un evento estresante, muchas personas se recompensarán con algo dulce, para producir un «pico de glucosa» para sentirse bien.

En el coaching, ayudamos a nuestros coachees a activar su sistema 2 para tomar conciencia de sus respuestas habituales (tomando conciencia de la actividad del sistema 1) y concebir nuevas posibilidades.

Unicidad

(Presencia para el coachee inclinado a la espiritualidad)

> El mayor descubrimiento de mi generación es que somos únicos. El mayor descubrimiento de la próxima generación es que somos uno.
>
> —THOMAS LEONARD[7]

Con los coachees interesados en el lenguaje espiritual o familiarizados con él, es más fácil explorar la dimensión transpersonal y las diferentes dimensiones de lo que llamamos el «yo». Éste es un aspecto de la maestría de la presencia que permite algunos resultados de coaching beneficiosos, como superar los bloqueos internos y la identificación errónea con una autoimagen negativa. Permite una comprensión profunda de «la voz en la cabeza», el diálogo interno continuo que se desarrolla involuntariamente y que puede convertirse, si se deja desatendido, en la fuente de tanto sufrimiento.[8]

---

7. Thomas Leonard, considerado el padre del coaching profesional, fue el fundador de las dos organizaciones de coaching más grandes del mundo, ICF e IAC. Fue testigo de la transición de los paradigmas azul a naranja y a verde, y ya estaba, muy adelantado a su tiempo, imaginando el turquesa.

8. En términos científicos, esto se denomina defusión cognitiva. A través de lo que llamamos «Psicología 3.0» en parte 1, vemos el advenimiento de la investigación científica que cierra la brecha entre la ciencia y la espiritualidad. Prácticamente toda tradición espiritual ha abordado la disfunción de la mente humana: continuos e involuntarios pensamientos y la creencia en, o identificación con (fusión) esos pensamientos, que apuntan a la necesidad de aprender a «dar un paso atrás». Hoy día una gran cantidad de investigaciones académicas que respaldan esta necesidad, y nos es claro no sólo desde las tradiciones espirituales sino también desde una perspectiva científica, que reducir la identificación con el pensamiento puede contribuir en gran medida al bienestar psicológico. Al respecto

Cuando te relacionas con el yo y respondes la pregunta de «¿quién eres?», la mayoría de las tradiciones espirituales dicen que existimos temporalmente como una forma física y psicológica, y en lo más profundo, existe la dimensión intemporal del Ser que tiene el poder de liberarnos de estar completamente atrapados en la existencia temporal.

> Podemos conectarnos con lo que es más creativo, más bello y más significativo en nosotros mismos, no con la historia de autoglorificación de mi «pequeño yo», sino con la esencia en nosotros, que está profundamente conectada con el resto de la humanidad. Porque somos fundamentalmente criaturas relacionales, y nunca nos separamos en primer lugar.
>
> —Jon Kabat-Zinn

¿Qué implicaciones prácticas tiene esto para el coaching? Cuando ayudamos a nuestros clientes en el coaching a darse cuenta de su «ser limitante», estamos hablando de esa identidad ilusoria que creen ser. En lugar de identificarnos con nuestra esencia interna atemporal, los humanos nos confundimos con «mi historia». Nos identificamos con la versión estrecha y temporal de nosotros mismos en lugar de con nuestra alma. Ese «yo» es una entidad difícil de complacer, nunca satisfecha por mucho tiempo, siempre amenazada y ruidosa que habita en nuestra cabeza y pretende ser «nosotros». Muchos autores lo llaman el «ego». Ego, es decir, no en la definición estrecha de la palabra (que significa un sentido de arrogancia), sino en su sentido psicoespiritual más amplio: el yo condicionado que es

---

recomendamos el trabajo del Dr. Steven Hayes, Profesor del departamento de psicología de la Universidad de Nevada. Su programa de investigación ha demostrado los efectos de la defusión cognitiva en miles de personas, aplicado a las más diversas áreas del sufrimiento humano. Su libro *Get out of your Head and Into your Life* (2005, New Harbinger) es un excelente recurso para principiantes. Si desea profundizar en la ciencia, el recurso apropiado es su libro *Acceptance and Commitment Therapy* (segunda edición, 2016, Guilford Press).

reactivo por naturaleza, que trata de manejar tu vida y que continuamente trata de tomar el control tu mente.

Para ilustrar esto, revisemos el ejemplo de Jim del que hablamos en la sección anterior sobre el modelo de Kahneman. Ésta fue la narrativa interna que corría dentro de la cabeza de Jim en reacción al correo electrónico de Mark:

> Me siento despreciado, que se me ha faltado al respeto. No puedo creerlo. ¿Cómo se atreve? Soy el gerente de proyecto oficial frente a nuestro cliente. Voy a responder con dureza. Va a aprender a no meterse conmigo.

En términos espirituales, preguntaríamos: ¿quién es el «yo» que se siente despreciado? Ése es el ego. Cuanto más identificado esté Jim con el ego, más lo controlará y más sentirá el ego que necesita proteger esa identidad ilusoria del «yo». Debido a que el ego juega constantemente a este juego «superior/inferior», siente la necesidad de mejorarse a sí mismo, y cuando se siente herido, quiere repararse a sí mismo de inmediato al devolver el golpe y herir al otro. A través de este mecanismo, el ego nos causa un inmenso sufrimiento:

- Estamos constantemente vigilantes para proteger la identidad del ego y no podemos fluir distendidos en la vida. No podemos relajarnos. Cualquier provocación o lesión percibida nos sacude inmediatamente y nos hace sentir que debemos reparar la identidad magullada.
- Por el miedo del ego a ser despreciado, reaccionamos y nos causamos sufrimiento a nosotros mismos y a los demás.

El ego está basado en el miedo: inconscientemente sabe que su vida es temporal, por lo que se esfuerza por mejorar para darse solidez. Puede hacerlo aumentando sus posesiones materiales, prestigio y estatus, o jugando juegos con otros. Uno de sus mecanismos preferidos es despreciar a otros para que pueda elevarse a sí mismo. En este caso, Jim podría haber sido arrastrado a una «batalla de egos» en la que un ego desprecia al otro y cada uno siente la necesidad de repararse a sí mismo. En cambio, Jim pudo salir completamente de la conciencia egoica: estuvo presente y fue capaz de manejarlo desde un nivel superior de conciencia.

Algunos consejos para trabajar con herramientas espirituales transpersonales en coaching:

- **La necesidad de estar presentes.** Realmente no puedes enseñar la presencia sólo con palabras y conceptos. Debes vivenciarlo, estar presente y, al hacerlo, evocar esa dimensión en el cliente. Por lo tanto, es importante que practiques la presencia en tu vida diaria. Si hay una maestría de las nueve de la IAC que necesitas cultivar constantemente en tu propia vida es la presencia. Estate presente cuando comes, cuando trabajas, cuando te relacionas. ¿Cuánto reaccionas a los eventos en tu vida? Cuanto más apliques la maestría de la presencia en tu propia vida, mejor podrás aplicarla en la sesión de coaching.
- **Recuerda no criticarte a ti mismo cuando pierdas presencia.** Eso sería una señal de que el ego se está infiltrando de nuevo, usando lo que Eckhart Tolle llama la «estrategia de puerta trasera del ego». Eres humano, y es normal no estar presente de vez en cuando. A veces te abruma lo que sucede en el mundo de las formas; imagina cuántas cosas pueden salir mal en un sólo día, en cualquiera de las tres dimensiones principales de un ser humano: salud, relaciones y finanzas. Tal vez te va muy bien hoy en tu trabajo, pero tuviste una pelea con tu pareja. O tal vez tengas una excelente relación, pero tu salud te está causando problemas. Cualquiera que sea el caso, tú eres un ser humano y algo te desafiará. Sólo presta atención cuando pierdas la presencia y sé amable contigo mismo. Y si no puedes estar presente, porque las emociones o los pensamientos son demasiado fuertes, fíjate si puedes mantener esas emociones o pensamientos fuertes en la conciencia. Al decir «Oh, aquí están estos pensamientos y emociones», tomas un poco de distancia, dejas de identificarte con ellos y vuelves a tomar conciencia-presencia. Eso aumenta las posibilidades de que estos pensa-

mientos negativos no te dominen por completo y que así puedas tener más control sobre si quieres reaccionar a ellos o no.

→ **Recuerda que los desafíos no son algo «malo».** Nuestra cultura nos ha enseñado a operar bajo ciertos supuestos. Vivimos como si todo tuviera que estar siempre bien en cada dimensión de nuestra vida, y nos resistimos y reaccionamos cuando éste no es el caso. Nos resistimos a que las cosas vayan mal o se rompan. Vivimos como si *la ley espiritual de la impermanencia de las formas* no existiera. Eso es, por supuesto, una ilusión. Nuestro automóvil se va a romper, simplemente no sabemos cuándo. Incluso nuestros cuerpos van a funcionar mal en algún momento, tarde o temprano. Ésa es una ley de la vida, no menos que la ley de la gravedad. Ciertamente, no pensaríamos en desafiar la gravedad y saltar desde un quinto piso para ver si la ley realmente existe, ¿verdad? Pero sin reflexionar demasiado, desafiamos constantemente la ley de la impermanencia de las formas. El coche se rompe y nosotros decimos «Arrrghh..., ¿por qué?». Lo vemos incluso en las relaciones: los matrimonios, al menos en el mundo occidental, están siempre bajo la amenaza de ruptura. En términos espirituales, estas cosas suceden por una razón: para que podamos aprender a través de nuestro viaje de la vida durante nuestra estancia temporal en este mundo. En el coaching preguntamos: ¿qué podemos aprender de esto? ¿Por qué la vida/Dios nos envía este desafío? Con estas herramientas, intenta evocar la inteligencia espiritual de tu coachee haciéndole esta pregunta y permitiéndole reflexionar.

→ **Usa la resistencia como una oportunidad.** La dimensión espiritual consiste en tomar conciencia de las dos dimensiones de nuestra vida: la material y la espiritual. Lo temporal vs. lo eterno. El «pequeño yo» vs. el «verdadero yo». Incluso si el coachee ofrece mucha resistencia, utiliza esto en su sesión de coaching como una oportunidad para tomar conciencia de las dos dimensiones. Pregunta: ¿quién está hablando? ¿El verdadero tú o tu ego, tu pequeño tú? ¿Qué te diría tu ser más sabio sobre esto? ¿Cómo actuarías en esta situación de acuerdo con tus valores más profundos? Si miras tu vida en retrospectiva, ¿qué es lo único que sabes que necesitas aprender? ¿Cómo se puede utilizar esta situación que estás enfrentando ahora (que, por supuesto, es desagradable; definitivamente empatizo contigo) para practicar eso? Por ejemplo: John, un coachee, es una persona muy impaciente. Es muy profesional, un buen padre y esposo, pero juntos han identificado que la paciencia es algo que definitivamente le gustaría tener más en su vida. Incluso está afectando su salud. Así que ahora que hay obras en la calle de su oficina que causan atascos de retrasos, John está constantemente nervioso mientras se queda atrapado en el automóvil durante una hora todos los días. ¿Cómo puede transformar esta situación? ¿Cuál es la situación aquí? Como coach, puedes ayudarlo a ver la oportunidad, la posibilidad, de estar atrapado en el tráfico. Ésos son algunos momentos únicos en los que él está en el automóvil y presentan la posibilidad de enfrentar su creciente impaciencia de primera mano. ¿Qué hizo John realmente gracias al coaching? Usó los momentos en el coche para cultivar la presencia de sus emociones. Se dio cuenta de la voz en la cabeza cuando se quejaba. Más tarde pasamos por diferentes opciones para hacer frente a esto y se produjo una verdadera transformación. El crecimiento espiritual proveniente del cambio de la resistencia a la aceptación, movilizado por su deseo de desarrollar este valor, esta virtud de la paciencia, tuvo un impacto en su productividad. Se le ocurrió la idea de que en realidad podría dictar notas a su asistente mientras estaba en el coche preparando la lista de tareas para el día. En lugar de llegar nervioso a la oficina, llegó lleno de energía, ya que toda la energía que había estado gastando resistiéndose y quejándose estaba disponible para él en lugar de desperdiciarse sin sentido. En ese momento tenía un excedente de energía que podía aplicar a otras cosas. El problema con la conciencia egoica y no espiritual es que el «yo» está en un estado básico de resistencia a la vida y su impermanencia. En ese estado, es raro que algo pueda resolverse. Lo que nos lleva al siguiente punto.

- **Hacer con presencia.** Ser espiritual no significa que fluyas con todo y aceptes todo lo que te sucede. Todo lo contrario. Puedes ser totalmente espiritual y al mismo tiempo trabajar hacia objetivos y mejorar activamente tu vida. Pero es la forma en la que lo haces lo que cambia. La clave es permanecer anclado en el Ser mientras estás en el Hacer, para que tu Hacer no sea inconsciente, sino que sea un Hacer con presencia. Una cierta paz, benevolencia y buena voluntad acompañan todo lo que haces cuando operas así. No creas estrés para ti ni para los demás. Fluyes. Eres uno con la vida. Eres liviano y positivo, y por eso, la inteligencia primordial puede manifestarse a través de ti en este mundo. Te conviertes en un conducto a través del cual pueden pasar muchas cosas buenas. Difundes la luz de la conciencia.

Lista de verificación para activar la maestría de la presencia

(Procesando en el presente)

- ❑ ¿Estoy aquí ahora?
- ❑ ¿Estoy presente?
- ❑ ¿Puedo observar el contenido de mi mente en este momento?
- ❑ ¿Puedo notar si mi mente va al pasado o al futuro en lugar de estar aquí y ahora?
- ❑ ¿Puedo observar mis pensamientos? ¿Qué estoy pensando ahora?
- ❑ ¿Puedo observar mis emociones? ¿Qué estoy sintiendo ahora?
- ❑ ¿Puedo observar las sensaciones de mi cuerpo? ¿Qué estoy sintiendo en el cuerpo ahora?
- ❑ ¿El pasado condiciona cómo veo el momento presente? ¿Es limitante cómo veo las posibilidades? ¿Pensar en el futuro genera preocupación?
- ❑ ¿Estoy teniendo un pensamiento o un pensamiento me está teniendo a mí?
- ❑ Sólo para coaches:
  - ❑ De 0 a 10 (0 = sin conexión, 10 = conexión más alta), ¿cuán conectado me siento con mi coachee? Si no es un 10, ¿qué se interpone en el camino? ¿La mente produce juicios? ¿Qué emociones hay? ¿Qué sensaciones corporales?
  - ❑ ¿Puedo adaptarme, momento a momento, a lo que mi coachee necesita?
  - ❑ ¿Puedo controlarme y comprender cómo mi propio comportamiento afecta al coachee? ¿Puedo conectarme con mi coachee en todos los niveles, usando las cuatro inteligencias (mente, corazón, cuerpo, espíritu)? ¿Cuál es dominante en mí? ¿Cuál es menos fuerte? ¿Cuál tiendo a usar en exceso y cuál a subutilizar?

- ❑ ¿Me estoy involucrando con mi coachee al nivel que necesitan coaching? ¿Estoy permitiendo que sean como son ahora, con aceptación y sin juicio?
- ❑ ¿Estoy ignorando el momento presente, centrándome sólo en objetivos futuros?
- ❑ ¿Puedo redirigir suavemente a mi coachee cuando éste pierde presencia, sin forzar o tratar de estar a cargo de la sesión y el proceso?
- ❑ ¿La sesión fluye armoniosamente, como una danza, o es tensa? ¿Puedes sentir que la relación se está cocreando?

La maestría de la escucha comprometida

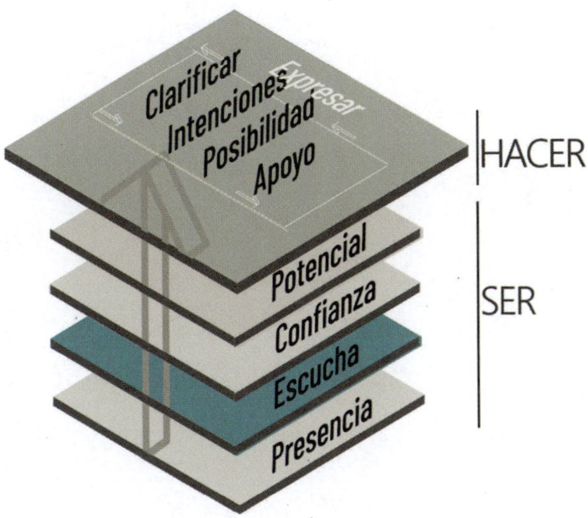

Una vez que estés viviendo la maestría de la presencia, habitando completamente el ahora, puedes escuchar a tus coachees desde un lugar completamente diferente. Como hay quietud en el momento presente (la mente no está agitada al recordar el pasado o ansiosa por el futuro), te sientes cómodo con el silencio.

Y desde ese silencio, puedes escuchar a tu coachee. La «escucha comprometida» es una maestría que te permite escuchar desde ese lugar de presencia y quietud. Funciona en conjunto con la maestría de la presencia y es otro elemento fundamental en la creación del entorno de coaching.

De escucha mediocre a escucha de excelencia

Usando el siguiente diagrama, podemos clasificar la escucha de acuerdo a su calidad, desde la escucha egoica, la escucha promedio hasta la escucha comprometida. Estamos analizando el acto de escuchar a través de un continuo que va de mediocre a excelente.

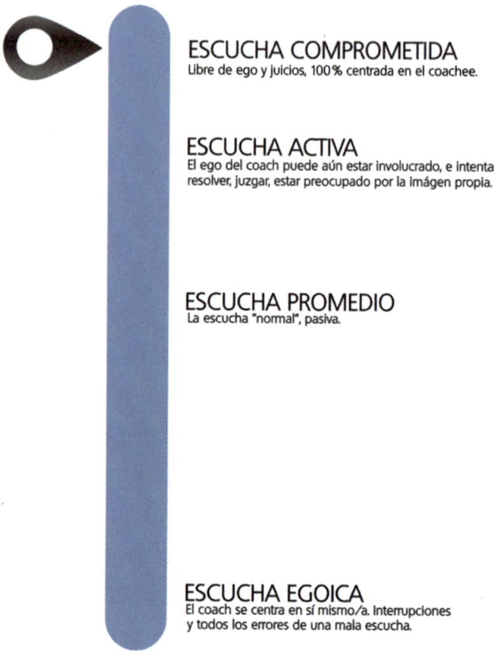

Comencemos por lo que significa escuchar de una manera mediocre, con una escucha egoica.

Escucha egoica

La característica principal de esta forma de escucha mediocre es que es egocéntrica, de ahí el término «escucha egoica». En lugar de centrarse en sus clientes, los coaches se centran en sí mismos. Cuando no estamos en estado de presencia, todo se convierte en «yo y mi desempeño como coach». El personaje del coach domina la escena, y no podemos deshacernos de la ansiedad respecto a nuestro desempeño. El coachee está hablando, pero escuchamos la voz en nuestra cabeza al mismo tiempo, preguntando: ¿cómo lo estoy haciendo? Si este último gana, si nos estamos escuchando más de lo que podemos escuchar al coachee, comenzamos a centrarnos más en lo que necesitamos que en lo que ellos necesitan. En la escucha egoica, por lo tanto, hay un sesgo automático: ¿esta conversación satisface mis necesidades como coach? ¿Qué puedo decir a continuación para que la sesión siga el camino que necesito? ¿Lo que estoy diciendo tiene un impacto?

No es sorprendente que los oyentes egoicos estén, por lo tanto, tensos. Esforzándose demasiado por hacer lo correcto, pueden estar demasiado concentrados en expresar su opinión o dar consejos. Pueden interrumpir de manera inapropiada y, en lugar de escuchar, pueden estar concentrándose en qué decir a continuación mientras el coachee habla. O pueden completar las oraciones para el coachee, como si supieran lo que él o ella quiere decir.[1]

Los oyentes egoicos en realidad están haciendo lo contrario de escuchar: van a las sesiones de coaching preparados para hablar, no para escuchar. De ahí su propensión a utilizar enfoques genéricos y confiar en las «fórmulas» de coaching. Sus malas habilidades de escucha no les permiten escuchar lo que el cliente necesita y adaptar su metodología de coaching al cliente.

Quizás la característica más distintiva de la escucha egoica es la marcada inquietud que causa el silencio. Los oyentes egoicos sienten que deben llenar los vacíos constantemente. Ansiosos por obtener buenos puntos como coaches, pueden intervenir demasiado rápido y convertirse en malos oyentes que no pueden profundizar, atendiendo sólo al nivel superficial de las palabras y tomando todo al pie de la letra. Se pierden los temas más profundos de la conversación.

Escucha promedio

Podemos distinguir dos niveles aquí. El primero se llama «escucha pasiva». Como su nombre indica, la característica clave de este estilo es que estamos allí para el otro, prestando atención, permitiendo que el coachee hable y exprese. El problema que surge es éste: ¿cómo podemos saber que estamos entendiendo correctamente lo que dice

---

1. Este tipo de interrupciones tiene un impacto directo en la próxima maestría, que es la de la confianza: la confianza disminuye en consecuencia cuando interrumpimos a nuestros coachees, comunicando así que esencialmente no valoramos lo que dicen. *Véase* el siguiente capítulo.

el coachee? En este tipo de escucha, somos receptores pasivos, no participamos.

El segundo nivel está en realidad por encima del promedio, y se conoce comúnmente como «escucha activa». Es un nivel de escucha claramente superior en comparación con todos los estilos anteriores, sin embargo, no es el nivel de escucha más elevado posible. En la escucha activa, no somos simples receptores pasivos: verificamos que estamos entendiendo correctamente, asegurándonos de que la otra persona se sienta reconocida y que vea que entendemos su idea y lo que está pasando. Verificamos continuamente que estamos entendiendo con precisión y reflexionamos de nuevo.

Escucha comprometida

Un coach puede estar escuchando activamente y aun así estar preocupado por su desempeño. Aunque con la escucha activa vamos más allá del nivel de la escucha egoica, todavía puede haber elementos del ego persistentes que bloqueen la presencia. Por eso necesitamos el nivel más alto, que es la «escucha comprometida».

Sin presencia, la escucha activa puede convertirse en una técnica superficial. La magia de la escucha comprometida radica en el hecho de que puedes escuchar a tu cliente, así como también lo que sucede en la sala durante la sesión de coaching, incluido lo que sucede dentro de ti como coach. Por lo tanto, podemos decir que la escucha comprometida se basa en un mayor nivel de **conciencia.**

Estar centrado en el cliente total y completamente

Estar preocupado por cómo te va como coach puede convertirse en una gran interferencia para escuchar, y como se mostró anteriormente, puede crear grandes distorsiones. Tu escucha se vuelve sesgada. ¿Cómo puedes asegurarte de que esto no te suceda? Al relajar el «yo», el personaje del coach puede fluir con el cliente a un nivel completamente diferente. Escuchas desde un lugar de conexión total, de **com-**

promiso total. Cuanto menos presente estés, más probabilidades tendrás de quedar atrapado en los niveles superficiales de la percepción. Sí, el coachee tiene un cuerpo, una apariencia física, expresiones faciales, un estilo de hablar. Ésas son las primeras cosas que percibiríamos, y estas cosas pueden arrastrarte potencialmente a juzgarlo, incluso si no eres consciente de ello. Y esto es así porque ninguna persona en el mundo compartirá contigo la misma personalidad, nivel de desarrollo, gustos, etc., creando el terreno para que aparezcan inevitablemente agrados, desagrados y juicios. Algunos ejemplos:

- «Este coachee tiene una personalidad problemática. Es muy difícil escucharlo».
- «Debería ser más activo. Necesita más acción. Es demasiado lento».

Entonces, si realmente quieres una **escucha sin prejuicios,** debes ir más allá de estas cosas. En la escucha comprometida, percibes al otro como su **esencia humana** y escuchas sin distraerte con el «ruido» que hace su personalidad con su forma particular de pensar, sentir y actuar. Lo trasciendes. La belleza de hacerlo de esta forma consiste en esto: notarás sutilmente cómo el otro lo percibe y reacciona favorablemente. No muchas personas en su vida los escuchan desde ese lugar, y el coaching puede convertirse en un lugar (a veces, el único lugar) donde no se sienten juzgados. Cuando los escuchas así, ¿qué pasa? Se vuelven más ellos mismos: estás presente y eres un espejo que evoca presencia en ellos. Al experimentar tu verdadero yo (y salirte de tu personaje de coach), les permites experimentar su propio verdadero yo. Doblegas a tu «pequeño yo», tu identidad como coach, comienzas a escuchar desde ese lugar auténtico y tus coachees también entran en esa dimensión. Como veremos, esto de ninguna manera convierte el proceso en algo «espiritual» y «menos práctico».[2] Todo lo contrario: cuando escuchas desde este lugar, lo más probable es que experimentes una aceleración en el proceso de coaching.

---

2. Recuerda que la presencia no es algo que necesitas «enseñar» a tus coachees, sino algo que debes vivenciar. Si lo encarnas, lo estás enseñando.

Escuchando desde una mayor conciencia y la activación de inteligencias múltiples

Cuando tu mente, tu corazón, tu cuerpo y tu espíritu trabajan juntos, todo tu ser está presente en la sesión y estás escuchando con tu inteligencia primordial. Desde ese lugar, **dejas de luchar para encontrar respuestas sólo con la mente.** Entonces puedes *discernir* qué método y estrategia de coaching puede servir para llevar mejor la sesión (en lugar de pasar al modo de piloto automático con fórmulas de coaching o enfoques genéricos).

Desde el trabajo pionero de Howard Gardner, las investigaciones han demostrado que los humanos están compuestos de múltiples clases de inteligencia. Sin embargo, durante trescientos años, la noción prevaleciente en Occidente fue dar más importancia a la mente sobre todo lo demás. Esto nos hizo estar desintonizados de nuestras emociones y de nuestros cuerpos.

En coaching, ayudamos a nuestros clientes a expandir su conocimiento para que también puedan considerar otras fuentes de conocimiento, más allá de la mente. El siguiente diagrama muestra el modelo IEBS (por sus siglas en inglés, Intellectual/Mind, Emotional, Body y Spiritual) de cuatro inteligencias:[3] racional/mental (I), emocional (E), corporal (B) y espiritual (S).

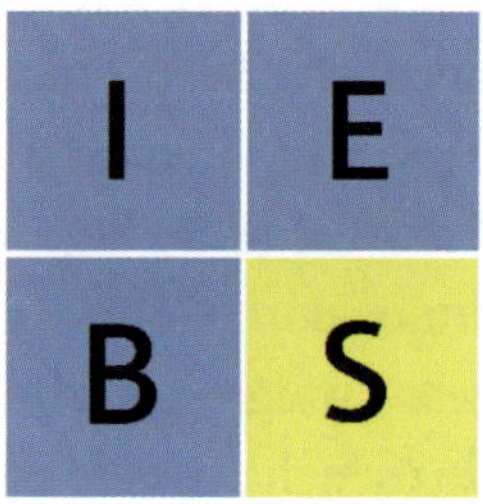

3. El modelo IEBS ha sido desarrollado por la Madanes School, www.madanesschool.com

En un proceso de coaching de excelencia, activamos todas nuestras inteligencias: intelectual, emocional, física y espiritual. La activación de estas cuatro permite una conexión completa en múltiples niveles con nuestros coachees: comprender lo que dicen con nuestra mente; sentir lo que sienten con nuestro corazón; consultar a nuestro cuerpo para sensaciones, intuiciones y conocimiento interno; y, a través de la inteligencia espiritual, sentir una conexión profunda con nuestro coachee como ser humano junto con un profundo sentimiento inspiración y reverencia por la maravillosa vida humana que ahora está sentada con nosotros.

Este cuadro muestra los componentes principales de cada inteligencia:

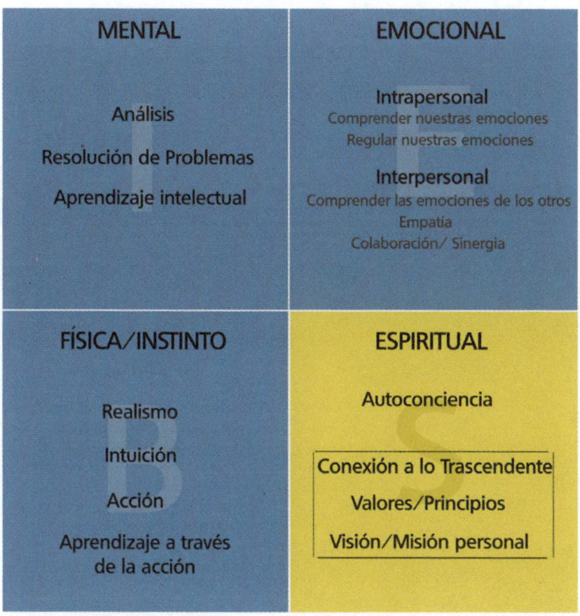

La idea clave aquí es que escuchemos desde las cuatro inteligencias y que seamos capaces de discernir lo que se necesita utilizar en cada momento. En lugar de utilizar siempre la misma, la escucha comprometida nos permite ser conscientes de qué inteligencia debería usarse en cada situación. Por ejemplo, si se necesita resolver problemas, es apropiado pasar a la inteligencia mental (I). Si necesitamos consultar nuestra intuición, entonces es necesario que activemos nuestra inteligencia corporal (B) y que escuchemos lo que nuestras intuiciones tienen que decir sobre el tema en cuestión.

Según las preferencias de nuestro propio tipo de personalidad, estaremos inclinados a usar algunos centros más que otros. En algunos casos, incluso podríamos estar subutilizando uno o más centros por completo y usando en exceso y exagerando otros. El siguiente cuadro muestra los síntomas en los centros mental, emocional y corporal cuando se usan en exceso, y lo que sucede cuando el centro espiritual está parcial o completamente desactivado.

MENTAL	EMOCIONAL
Exceso de Análisis Duda/Inseguridad Mente saturada/ falta de claridad	**Intrapersonal** Pobre autoconocimiento Poco control de la emoción **Interpersonal** Incapaz de comprender a otros Centrado en sí mismo/subjetivo Poca capacidad de colaboración
FÍSICA/INSTINTO	**ESPIRITUAL**
Sin centro, sin foco Bajo nivel de intuición Problemas en la toma de acción	En "automático", incapaz de reconocer y/o separarse de propias tendencias (identificado con "personalidad") Conexión limitada, o sin conexión a lo Trascendente Principios negativos operando Misión distorsionada o falta de misión/visión

Como puedes ver, un desequilibrio en los centros de inteligencia crea problemas que dificultan el progreso en el coaching. Cada centro debe ser utilizado consciente y adecuadamente para la situación en cuestión. Si usas el centro mental en exceso, por ejemplo, obtienes una mente desordenada, con dudas y paralizada por análisis. La clave es el uso premeditado y equilibrado.

Escuchar desde la perspectiva de inteligencias múltiples tiene un impacto directo en la elección y la toma de decisiones. Con la capacidad de activar de manera simultánea y holística múltiples inteligencias, podemos tomar decisiones mejores y más informadas después de haber consultado conscientemente todos los centros: mente, corazón, cuerpo y espíritu.

> Quería comprar una casa, pero durante mucho tiempo tuve muchas dudas y no podía decidir. Le plantee esto a mi coach como una meta. En el coaching desarrollé conciencia de mis múltiples centros de inteligencia y comencé a escuchar a otros (y a mí mismo) desde un lugar diferente. Aprendí a consultar la mente (racional, inteligencia mental) y a analizar los precios de la vivienda para obtener el mejor precio posible. Consulté el corazón (inteligencia emocional): ¿cómo afectará a mis seres queridos mudarse a esta casa? ¿Cómo me siento al respecto? Consulté mis valores (inteligencia espiritual): ¿es este vecindario bueno para mis hijos? ¿La comunidad es solidaria? Finalmente consulté mi intuición (inteligencia corporal). Dormí un rato y finalmente mis instintos me dijeron que lo hiciera. Gracias al coaching obtuve mucha tranquilidad [...] porque supe que esta era la mejor decisión posible que podría haber tomado.
>
> —Robert, coachee de 39 años

En nuestra cultura occidental, sólo recientemente el cuerpo comenzó a ser reconocido y consultado como fuente de sabiduría. La inteligencia corporal (B) era ajena a nosotros. No habíamos sido educados para prestar atención a la intuición ni a lo que dice el instinto. Como coaches, nuestra contribución puede ser extraordinaria en este sentido: mientras nosotros mismos accedemos al cuerpo durante una sesión de coaching, también podemos ayudar a nuestros coachees a alinear lo que su cuerpo está «diciendo» con lo que su mente, su corazón y su espíritu están manifestando.

Para el coach reviste especial interés la necesidad de escuchar las discrepancias entre los centros de inteligencia. Si estamos realmente presentes, podríamos notar, por ejemplo, algunas desalineaciones típicas:

- La mente sugiere algo, pero el cuerpo dice que no. El coachee considera la idea, pero tiene una extraña sensación en el estómago al respecto.
- La mente considera algo, pero el corazón manifiesta una emoción negativa (el coachee decide un curso de acción, pero el coach percibe una nota de ira)
- El corazón está entusiasmado con hacer algo, pero a nivel de valores, la persona se siente realmente incómoda.

Escuchar desde la amplitud

La escucha comprometida te permite sentirte cómodo con el silencio. No obliga al coachee a responder, le permites que procese la información a su propio ritmo. Le das espacio no sólo a él/ella, sino también a ti mismo. No te sientes obligado a hablar todo el tiempo y llenar el aire con comentarios continuos.

Con la escucha comprometida, puedes dejar más silencio entre palabras, entre oraciones. Casi puedes escuchar el silencio y sentir una sensación de calma interior. Contrariamente a la escucha egoica, aquí no hay necesidad de actuar, por lo que puedes darle al coachee pistas y silencios como una oportunidad para reflexionar. Esto crea un ambiente donde el coachee se siente libre para comunicarse de manera más fácil y abierta.

Puedes conectarte con las palabras y, al mismo tiempo, estar conectado a un nivel en el que puedes sentir el campo de energía que está allí, más allá de las palabras y entre las palabras, en la quietud de este momento. Cuando escuchas el silencio, las pausas en el discurso, entras en un nivel más alto de conciencia en lugar de dejarte llevar y arrastrar por cada flujo de palabras y pensamientos que aparecen (en tu coachee o en ti mismo). Esto abre la puerta a una profunda aceptación y compasión. Ya no estás contribuyendo a la naturaleza negativa que muchas conversaciones entre humanos pueden tener cuando el oyente en realidad, en su mente, «no está allí» porque ya está pensando qué decir a continuación. Escuchar atentamente el silencio te ayuda a evitar esa trampa común y estar completamente allí para tu coachee. Al salir de la corriente de pensamiento, la calidad de la interacción cambia de inmediato. La respiración también puede ayudar, porque te permite conectarte a tu cuerpo (evitando que la mente domine a todas las otras inteligencias).

Prestar atención a la comunicación verbal y a la no verbal

Debido a que estás en un estado de presencia y escuchas utilizando múltiples inteligencias, prestas atención más allá de lo que dice tu coachee: **eres consciente y eres capaz de captar los matices y lo que subyace a las comunicaciones a nivel superficial.** Puedes escuchar más allá de lo que el cliente puede articular.

En la escucha comprometida, eres consciente del contenido de la conversación y de las *emociones.* El contenido son las palabras, la historia, la narrativa. La emoción es el sentimiento subyacente a lo que se dice. No es una escucha lineal, donde literalmente sólo escuchas las palabras: es una escucha no lineal, multicapa y multidimensional. Desde ese lugar, estás en un estado propicio para notar matices y coachear a tu cliente en consecuencia.

He aquí un ejemplo: Carlos, un coachee, está hablando sobre un nuevo proyecto que su compañero está proponiendo. Está escuchando con una escucha comprometida y captando que su tono de voz revela un sutil indicio de insatisfacción que el propio Carlos parece desconocer. Como coach, puedes compartir esa observación con Carlos. Esto puede darle algo sobre lo que reflexionar, para desencadenar una reflexión y ayudar a una mayor exploración.

Con respecto al contenido en sí, eres muy consciente de que diferentes palabras significan cosas diferentes para diferentes personas. Si un coachee declara como objetivo ser «mejor con la gestión del tiempo y más organizado», ¿qué quiere decir exactamente con eso? Como coach, debes ser consciente de que «organizado» para el coachee puede significar una cosa, y para ti esta misma palabra puede significar otra. Tal vez tú eres una persona supereficiente y tienes un conjunto completo de dispositivos y listas que utilizas para estar completamente al tanto de tu horario y tus tareas, mientras que tu coachee puede referirse a «organizado» simplemente teniendo un calendario y una lista de tareas para hacer un seguimiento sólo en los asuntos más importantes. Cuando escuchas usando la maestría de la escucha comprometida, eres consciente de que, hasta que exploras el lenguaje, no puedes saber lo que el cliente realmente está diciendo.

Escuchar «internamente»

La escucha comprometida es una escucha bidireccional. Debido a que te encuentras en un estado de presencia, no sólo puedes percibir a tu coachee a múltiples niveles, sino que también puedes notar y tener en cuenta lo que está sucediendo dentro de ti. Si, por ejemplo, surge un juicio o una emoción negativa en ti, eso puede interferir con la sesión; te das cuenta de ello y suavemente y con compasión rediriges tu atención a la sesión. Te das cuenta de las interferencias con la presencia en ti mismo: lo que está bloqueando tu escucha, cualquier flujo de pensamientos y emociones pueden estar tratando de retirar tu concentración en el coachee y llevarla hacia ti mismo. Ésta es la práctica de los coaches de excelencia. No es que nunca se distraigan o se dejen llevar: como seres humanos, los coaches de excelencia tienen mentes activas como todos los demás, pero tienen suficiente conciencia para darse cuenta cuando sus mentes están arrastrándolos y poseen suficiente presencia para redirigir su atención compasivamente.

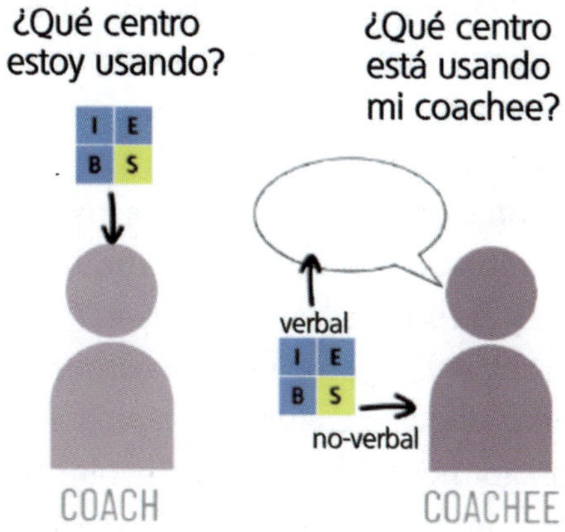

El arte de un coaching de excelencia no es, en gran medida, evitar por completo fallar o cometer errores; eso es imposible. Los humanos fallan y caen. No operan desde su verdadera naturaleza el 100 % del tiempo. Muchas veces al día actuamos automáticamente, en piloto automático, reaccionando a la vida desde nuestro ego, nuestra personalidad.

Los coaches de excelencia cultivan su arte con aprendizaje continuo y desarrollo profesional. Se preguntan: ¿por qué hago las cosas que hago? ¿Cuáles son mis reacciones automáticas? Al conocer nuestras reacciones automáticas, al darnos cuenta de ellas, podemos detenernos y elegir una respuesta mejor y más apropiada para cada situación de coaching (o al menos, retrasar o hacer que nuestras reacciones sean flexibles si aún no podemos reemplazarlas por respuestas mejor elegidas).

Entonces, si nosotros, como humanos, tendemos a reaccionar inevitable y automáticamente a los eventos que nos rodean, e incluso a nosotros mismos, siguiendo patrones específicos, necesitamos ser buenos en **el arte de restablecer el equilibrio.** Stephen Covey (1999) enseña este principio con la siguiente metáfora: los aviones siempre tienen una hoja de ruta, un plan, por el cual volarán de la ciudad A a la ciudad B. Pero durante el vuelo, debido a los vientos y otros sucesos, el avión esta *fuera* del plan original el 99 % del tiempo de vuelo. ¿Cuál es, entonces, la misión del piloto? Corregir constantemente las desviaciones pequeñas o grandes. Eso es lo que hacen los pilotos. Eso es también lo que hacemos en nuestra vida personal y profesional como coaches, todos los días. Todos los días enfrentamos un número potencialmente infinito de situaciones que requieren nuestras decisiones. Podemos *reaccionar* desde nuestros egos, o podemos *responder* desde nuestro ser real y saludable, utilizando nuestro libre albedrío en lugar de actuar de forma automática. Pero nuestro ego inevitablemente se involucra y nos encontramos pagando las consecuencias. Eso es parte de ser humano. Sin embargo, podemos aprender, como los pilotos, a ajustar, afinar y restablecer el equilibrio.

> —Maestro, es increíble, nunca pierdes tu equilibrio, ¿cómo lo haces eso?
> —Hijo, siempre estoy perdiendo el equilibrio. Todo lo que intenté aprender a lo largo de mi vida es cómo ser bueno para recuperarlo.
>
> —Diálogo atribuido al fundador del aikido,
> Morihei Ueshiba, y un estudiante

La maestría de la escucha comprometida es una herramienta fantástica para ayudarnos en este sentido. Nuestros mecanismos psicológicos internos nos protegen de muchas maneras. Nos dan una identidad. Pero también nos desafían. Nos desafían a crecer. Mantienen una tensión constante con nuestro yo real, y podemos usar esta tensión como una oportunidad para crecer no sólo como coaches, sino también como seres humanos.

LISTA DE VERIFICACIÓN PARA ACTIVAR LA MAESTRÍA DE LA ESCUCHA

(*Escucha Comprometida*)

- ❑ ¿Estoy hablando demasiado?
- ❑ ¿Puedo escuchar con mis cuatro inteligencias (mente, corazón, cuerpo, espíritu)?
- ❑ ¿Estoy escuchando las palabras? ¿Y más allá de lo que se dice? ¿Puedo reconocer lo que el coachee no puede articular a través de las palabras? ¿Estoy captando los matices?
- ❑ ¿Estoy tomando todo al pie de la letra, quizás perdiendo aspectos más profundos de la conversación?
- ❑ ¿Me siento cómodo con el silencio? ¿Estoy notando el silencio, las pausas entre las palabras, debajo de las palabras?
- ❑ ¿Puedo permitirle al coachee tiempo para reflexionar, o me siento obligado a hablar y llenar el espacio?
- ❑ ¿Puedo notar la energía con la que se dicen las palabras?
- ❑ ¿Puedo notar cambios abruptos o sutiles en la energía y la emoción cuando se dice o menciona algo en particular?
- ❑ ¿Puedo notar discrepancias entre lo que se dice y la energía con la que se dice?
- ❑ ¿Soy consciente de mí mismo? ¿Estoy escuchando mis propios pensamientos, emociones y sensaciones corporales mientras coacheo?
- ❑ ¿Estoy escuchando al coachee correctamente y confirmando que lo que percibo que dice y siente es correcto?
- ❑ ¿Puedo simplemente escuchar con presencia, estar allí sin una agenda, sin intentar guiar al coachee en ninguna dirección en particular?
- ❑ ¿Estoy interrumpiendo inapropiadamente?
- ❑ ¿Estoy hablando de inmediato cuando el coachee termina de hablar?

- ¿Estoy demasiado concentrado en dar mi opinión?
- ¿Dónde está mi enfoque: es en el coachee, o estoy demasiado ocupado conmigo mismo, mi desempeño, etc.?
- ¿Me preocupa mi desempeño como coach de una manera que me empuja a hablar más de lo necesario?

La maestría de la confianza

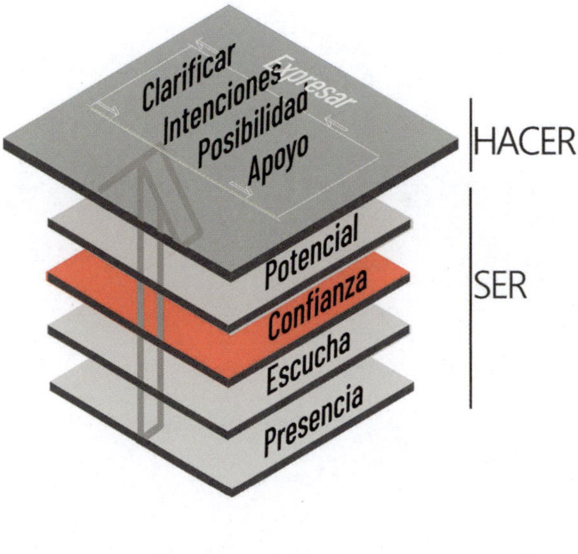

> Con mi coach, sentí que siempre podía relajarme, sin necesidad de estar con la guardia en alto; Podía ser vulnerable y compartir cosas que no me he atrevido a compartir con nadie. Siempre supe que no me juzgaría. Y siempre sentí que estábamos juntos en el mismo barco, ella estaba allí incondicionalmente para mí, como mi defensora personal para apoyarme en mis difíciles desafíos.
>
> —Beth, coachee de 42 años

Si en una sesión de coaching has aplicado las maestrías de la presencia y la escucha correctamente, has dado los primeros pasos para crear un ambiente sin prejuicios.[1] El coachee lo percibe y responde positivamente, y entonces se puede desarrollar y crear confianza.

Decimos *desarrollar* porque la confianza tarda un tiempo en crearse (y, desafortunadamente, tarda muy poco tiempo en dañarse). Como coaches, debemos pensar en la confianza como algo que se construye a través de acciones consistentes.

Cuando se crea la confianza, los coachees se sienten seguros; están seguros de que el coach no los juzgará y pueden sentir que el coach es su defensor personal. Cuando eso sucede, los clientes no sólo confían en su coach, sino que también confían en el proceso

1. Ten en cuenta que las maestrías del Ser implican una disposición, una forma de abordar la sesión y acercarse al cliente, que se hacen casi simultáneamente (uno está realmente presente, escuchando con total atención y creando confianza al mismo tiempo).

de coaching y en su propia capacidad de transformación y crecimiento. Confían en que su propio crecimiento es algo que podrán manejar.

Cuando se logra crear un ambiente de confianza, el coachee puede sentir la falta de juicio. No se sienten amenazados y, por lo tanto, no hay necesidad de defenderse de nada. Hay un fluir y se sienten bien. Incluso cuando no puedan describir ese estado positivo en palabras, sin duda lo sentirán como una buena voluntad que fluye del coach hacia ellos, una benevolencia que les hace sentirse seguros y capaces de ser vulnerables. Sienten que pueden abrirse y expresarse libremente, compartiendo su ser más profundo, porque se sienten lo suficientemente seguros con el coach. Esto, por supuesto, requiere no sólo la ausencia de juicio, sino también la capacidad de los coaches para permitirse ser vulnerables.

La confianza debe construirse ***de afuera hacia adentro*** a través de un código de ética, y esa dimensión es fundamental y obligatoria para la profesión de coaching.

Junto con eso, se puede generar confianza ***de adentro hacia afuera*** a través de una serie de comportamientos que el coach puede demostrar durante la sesión. Las siguientes son algunas de las formas más poderosas para crear y mantener la confianza.

Paciencia para cocrear la relación

Un error típico de muchos coaches es saltar a la acción de inmediato y no tomarse el tiempo para cocrear la relación. Por contra, los coaches de excelencia se toman pacientemente su tiempo para entablar confianza y desarrollar una buena relación. Lo que les puede parecer a los coaches mediocres e impacientes una pérdida de tiempo o falta de practicidad, es en realidad la mejor inversión que puede hacer para impulsar el proceso de coaching. El doctor Ichak Adizes lo llama «romper el hielo»: antes de pasar al problema, crea confianza teniendo una conversación que cree una agradable sensación de intimidad y fluidez. Recuerda que en el coaching, «rápido es lento y lento es rápido». ¿Qué queremos decir con «rápido es lento»? Cuando aceleras el proceso y saltas directamente al asunto en cuestión, sin haber creado confianza, pagas un «impuesto» que se traduce en que las cosas que se moverán más lentamente más adelante. Debido a que no has creado confianza primero, el coachee no se abre por completo: le lleva más tiempo, por lo que todo el proceso termina siendo más lento. La gente no puede abrirse a un extraño de inmediato: cuando comienza el proceso, básicamente no se conocen y lleva tiempo hasta que se construye una buena relación. Por el contrario, si inviertes un poco de tiempo en la creación de confianza al principio, aparentemente da la sensación de que se ralentizan un poco las cosas, pero debido a la confianza, el proceso cobrara agilidad y se ejecutara mucho más rápido en el futuro. Este segundo camino generalmente termina siendo al menos dos veces más rápido y sin problemas que el primero.

Para crear esta relación inicial, una actitud de curiosidad puede ser de gran ayuda para el coach. Piénsalo de esta manera: cada ser humano es un misterio, un universo entero. No existe un ser humano aburrido: cada historia es un milagro en sí misma. ¿Dónde nacieron? ¿Dónde crecieron? ¿Cómo fue la vida para ellos? ¿En qué están interesados? Escucha la narrativa de su vida. Descubre sus talentos. Su potencial. Encuentra su chispa. Cuando miras a los seres humanos de esta manera, tu curiosidad se enciende y siempre te fascinarás. El cliente percibe tu curiosidad, tu interés genuino en saber más acerca de ellos y responde favorablemente. La confianza se desarrolla.

Cocrear y codescubrir las respuestas

El coach y el coachee, juntos como si fueran uno, están cocreando la relación. Nosotros, como coaches, no necesitamos tener las respuestas ni ser expertos. El cliente es el experto. El cliente tiene las respuestas dentro. Somos facilitadores y, al crear un espacio seguro, permitimos el descubrimiento, el aprendizaje, el crecimiento personal y la transformación. **Necesitamos confiar en que los clientes saben, o necesitan explorar, identificar o buscar sus posibles respuestas y alternativas.**

La cocreación ocurre a través de una relación de apoyo que es colaborativa. El coach de excelencia realmente no cree que sea el experto, sino que lo es el cliente. Eso significa que el coach percibe que el cliente es tan inteligente como el propio coach y respeta el conocimiento de primera mano que tienen los coachees sobre la situación.

No imponer

El principio de «no imponer» se deriva de la naturaleza colaborativa de cocrear la relación de coaching. Un coach excelente no intentará imponer un punto de vista, sino que respetará al coachee en todo momento haciendo lo siguiente:

- **Pedir permiso para ofrecer una sugerencia.** Cada vez que el coach cree que puede contribuir con una idea que puede ser útil para el cliente, no ofrece ideas como respuestas definitivas o hechos absolutos, sino como *posibilidades.* El coach usará un lenguaje tentativo para presentar ideas como ideas simples, *dejándolo abierto para que el cliente acepte las ideas o no.*
    - Ejemplo: «Parece que esta situación puede estar causando alguna decepción». Observa el uso de «parece» y «puede estar». Hay una variedad de posibilidades en el idioma que se pueden usar aquí:
        - Verbos de probabilidad: Estos verbos suavizan la fuerza del verbo principal e indican que hay lugar para la duda: *podría, podría ser...*
        - Palabras limitantes: *Posible, posiblemente, probable, probablemente*
        - Verbos de duda: *Suena, parece, sugiere, indica...*
        - Frases de confirmación: «¿Es justo decir eso? ¿Tiene sentido esto para ti? ¿Te estoy escuchan-

do correctamente? ¿Es ése el sentimiento que estás experimentando?».

- Un coach mediocre, por el contrario, tenderá a imponer una conclusión usando declaraciones directas, categóricas o intensificadores de lenguaje en lugar de otras más amables. Esto no crea confianza porque el coach parece estar pensando que su opinión es más importante que la del coachee (o incluso invalida las declaraciones del coachee).

→ **Pedir permiso para compartir una visión personal.** Siempre que el coach sienta que puede contribuir con una historia personal relacionada con el asunto en cuestión que puede ser de utilidad para el cliente, esto no debe hacerse de manera moralista o condescendiente. Debe hacerse de una manera que no transmita una sensación de superioridad (como que el coach habla desde un lugar en el que tiene más experiencia de vida, sabiduría, etc.). Un coach de excelencia nunca crea desequilibrios de poder de ningún tipo en la relación. Cuando esto ocurre, se forma una cocreación genuina.

Observa cómo en todo lo que nos referimos anteriormente no se usa lenguaje directivo: no se empuja al cliente en ninguna dirección en particular y se deja abierto para que el cliente decida en última instancia.

Reconocer tu propia humanidad y limitaciones

Esto no sólo te libera de la ansiedad por el desempeño como coach, sino que también te permite ser vulnerable, comunicándole al coachee que también está bien expresar vulnerabilidad. Desde ese lugar, el coach puede fluir sin tener miedo de cometer un error, y si ocurre, simplemente discúlpate de la manera más apropiada sin temor a parecer «inferior».

Solicitar sugerencias y hacer que los coachees sientan que es seguro expresarse libremente

Los coaches de excelencia piden a sus coachees que hagan sugerencias. Les hacen sentir que pueden hablar de todo y que es seguro expresarse libremente, incluso los desacuerdos. Si ése no es el caso, un coach puede exhibir una actitud defensiva y tomar las cosas personalmente si el coachee expresa decepción.[2]

Cuando los coachees perciben la atmósfera fluida y honesta, se vuelven abiertos a compartir y recibir. Se vuelven receptivos y responden positivamente a las observaciones del coach. Pueden compartir sus pensamientos y sentimientos, y también pueden recibir los comentarios e ideas del coach.

El coach cree en el cliente

Vivimos en una era de gran desconfianza entre las personas, los países y las culturas, y la profesión de coaching puede tener una profunda influencia para bien en este sentido. Un coach puede funcionar como un vehículo para restaurar la confianza en los seres humanos, intra e interpersonalmente en las relaciones. El poder de confiar está dentro de cada uno de nosotros, y un coach puede ayudar a despertar ese poder, primero viviéndolo ellos mismos y, en virtud de eso, ayudando a despertar la confianza en sus coachees.

2. Ésa es una señal de que el ego, la «el personaje coach», volvió sigilosamente y dominó al coach. De repente hay un «yo, el coach» para defender. Se necesita una sensación de alerta relajada para atrapar al ego cuando surge en el acto y trata de arrastrar al coach a la ansiedad del desempeño, reaccionando a la decepción del coachee. En otras palabras, cuando esto suceda, debemos activar la maestría de la presencia nuevamente. Con un poco de práctica, esto puede requerir sólo unos segundos. La atención sin prejuicios del coach sobre los movimientos mentales es suficiente, y todo lo que se necesita es una redirección suave y autocompasiva de la atención de regreso a la sesión.

Así que éste es uno de los mejores regalos que un coach puede dar a los clientes: **el regalo de creer en ellos y mantener esa visión para ellos.**

Más aun, el coach de excelencia cree en el cliente en la medida en que el cliente lo percibe como **un defensor personal,** alguien que va a buscar lo mejor de corazón.

Se ha demostrado en numerosos estudios que nuestra capacidad de confiar en los demás comienza en nuestra capacidad de confiar en nosotros mismos primero. Entonces, para difundir la confianza y dar este regalo al cliente, el coach debe poder confiar en sí mismo. Existe confianza de los coaches en sí mismos, en sus clientes y en el proceso de coaching.

Claridad

Los coaches de excelencia son claros y hablan directo. Ser claro sobre el proceso y el contrato de coaching ayuda a crear confianza. Un coach mediocre retiene o manipula información. Un coach de excelencia, por el contrario, siempre se esforzará por ser confiable al crear transparencia y dejar que las personas sepan cuál es su posición.

Mostrar integridad

> La gente no te escucha hablar, miran tus pies.
>
> —Anónimo

Los coaches de excelencia «hacen lo que dicen» y muestran integridad en todo lo que hacen o dicen. Hay **coherencia** en sus acciones, valores y principios. Los coaches mediocres tienen poco control sobre sus propios estados de ánimo y pueden volverse reactivos y transgredir sus propios valores: tenderán a actuar de manera incoherente. Si el coachee lo percibe, su confianza en el coach y el proceso de coaching se reducirá inmediatamente.

Para ser coherentes, los coaches deben estar presentes, ser conscientes de sus propias reacciones y estar a cargo de sí mismos para que puedan dar *respuestas* apropiadas, coherentes y consistentes en cada situación.

Ayudar al coachee a sentir que el proceso será manejable

Muchas veces, nuestros coachees sienten ansiedad por el proceso de coaching. Se enfrentan a dificultades y, naturalmente, se pueden desencadenar algunos temores. El condicionamiento de la mente, con su propio set de creencias limitantes y patrones improductivos, puede activarse y convertirse en un obstáculo para el progreso. De repente, las cosas pueden parecer inmanejables para nuestros coachees. Pueden sentirse abrumados o incluso paralizados.

Usando la maestría de la confianza, los coaches pueden ayudar a los coachees a aliviar esa ansiedad y a sentir que el proceso es manejable. Es extremadamente tranquilizador contar con que el coach, su defensor personal, lo apoya durante este proceso en los momentos difíciles. El coach cree en el potencial del cliente para superar los bloqueos, y se percibe esta confianza en el coachee. El coachee ahora puede creer en sí mismo nuevamente y sentirse motivado para continuar. Cuando esto sucede, el coachee puede ver que la transformación y el crecimiento son realmente posibles.

El coach es competente

La confianza no se basa únicamente en la integridad. En su éxito de ventas *del New York Times The Speed of Trust,* Stephen M. R. Covey enseña que la confianza es una función tanto del *carácter* (que incluye la integridad) como de la *competencia.* A través del aprendizaje continuo, los coaches de excelencia constantemente mejoran sus habilidades y competencias, y como resultado, pueden ser profesionales confiables.

LISTA DE VERIFICACIÓN PARA ACTIVAR LA MAESTRÍA DE LA CONFIANZA

(Establecimiento y mantenimiento de una relación de confianza)

- [ ] ¿Tienes la sensación de que el coachee puede expresarse libremente en sus sesiones sin ningún tipo de actitud defensiva? ¿Qué emociones dirías que el coachee pudo abrir y expresar contigo?
- [ ] ¿El coachee es receptivo a ti? ¿Responde positivamente a tus observaciones?
- [ ] ¿El coachee está dispuesto a compartir abiertamente? ¿Está abierto el coachee para compartir temas difíciles? ¿El coachee ha compartido una profunda preocupación o miedo contigo?
- [ ] ¿El coachee siente que la transformación es posible y manejable?
- [ ] ¿Estás tranquilizando al cliente cuando surgen ciertas dudas haciéndole ver que son manejables y normales?
- [ ] De 0 a 10: ¿cuánta confianza dirías que tu coachee tiene en ti para compartir sus sueños, metas de vida y ambiciones más íntimas?
- [ ] ¿Confías en el coachee?
- [ ] ¿Confías en ti mismo como coach?
- [ ] ¿Confías en el proceso de coaching?
- [ ] Integridad: ¿cuánta coherencia hay entre lo que dices y lo que haces?
- [ ] ¿Mantienes tu enfoque en el cliente?
- [ ] ¿Te interesa su punto de vista: recopilar información, curiosidad por lo que descubre y lo que tiene que decir? ¿O estás ocupado contigo mismo y tratando de transmitir tu propia opinión sobre la situación? ¿Estás tratando demasiado de demostrar conocimiento?
- [ ] ¿Te encuentras tratando de imponer una opinión o un juicio?

La maestría del potencial

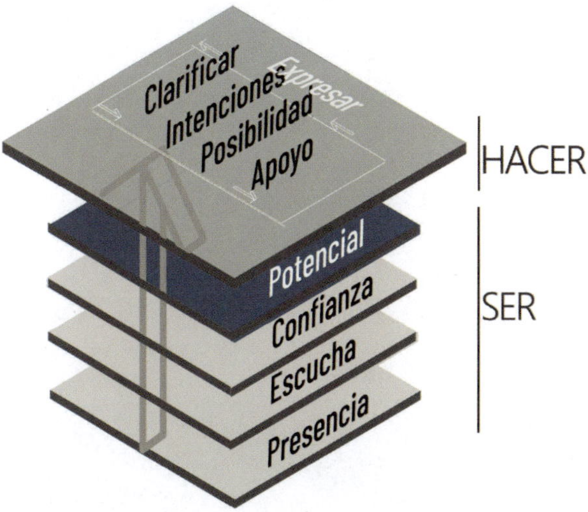

Percibir, afirmar y ampliar el potencial del cliente

La última maestría que podemos incluir en la categoría de las del Ser es la maestría del potencial: **percibir, afirmar y ampliar el potencial del cliente.**[1]

Las personas a veces tienen una visión incompleta, limitada y desequilibrada de sí mismas (u otras). Stephen Covey una vez fue coach de una madre de una adolescente. La madre se quejó de ella: «¡Es muy poco cooperativa!». Covey le dijo: «Cuando dices "ella *es*", en realidad estás limitándola. Empiezas a percibirla sólo como eso. Equiparas a "ella" con "no cooperativa". ¿No sería justo incluir en "ella" no sólo lo que es hoy, sino también su potencial? ¿No es su potencial también una parte de ella?».

Como dijo Jon Kabat-Zinn: «Sí, tienes algunos problemas. Pero recuerda siempre que hay más bien que mal dentro de ti». En palabras de Daniel Kahneman, necesitamos superar el «efecto WYSIATI» (por sus siglas en inglés, *what you see is all that is,* lo que ves es todo lo que hay). Hay más en nosotros que lo que se ve a nivel superficial. Eso es lo que realmente significa potencial. Percibirlo, descubrirlo, volver a conectar con las personas, es uno de los objetivos más elevados del coach.

Uno de los mejores regalos que podemos dar a nuestros coachees es percibirlos como seres humanos completos y con un potencial completo latente, en espera de ser despertado. Observa que dijimos «completo» y no «perfecto». Los humanos no podemos alcanzar la

1. Esta maestría se encuentra en el punto de transición entre Ser y Hacer. Podríamos decir que el segmento de potencial de percepción pertenece más al Ser, y afirmar y expandir ya tiene un componente más activo de Hacer.

perfección, pero definitivamente podemos enriquecernos y completarnos. Y lo hacemos a través del aprendizaje continuo. Esta idea es a la vez liberadora y fortalecedora.

Cuando te diriges a tus coachees de esta manera, se sienten honrados, reconocidos; su potencial presente en la sesión con toda intensidad. Ahora revisemos algunas de las formas más poderosas de percibir, afirmar y expandir el potencial del cliente

Percibir su esencia

Cuando estás realmente presente, puedes reconocer las dos dimensiones de cada ser humano: esencia (su humanidad central) y forma (su existencia psicoemocional y física). El coaching unidimensional y superficial generalmente reconocerá sólo a este último e intentará empoderar al coachee desde esa perspectiva limitada.

Pero antes de reconocer su potencial psicoemocional y físico, debes recordar que no hay nada que «arreglar» en tus coachees, y ese reconocimiento es sólo posible cuando adoptas una visión holística y completa del ser humano. A nivel espiritual, ya estamos completos.

Por lo tanto, no es tanto que los afirmes cuando se superan y «lo logran»: *ya* los aprecias, en este momento, independientemente de su progreso o logro. Ése es el regalo más poderoso que puedes darles. Esto sólo se puede hacer si la maestría de la presencia está activa, porque requiere que te conectes con tu coachee al nivel más profundo.

En otras palabras, hay dos formas de referirse al potencial: por un lado, desde la dimensión del *Ser,* y por el otro, desde la dimensión del *Hacer.*

Esto está en el corazón del coaching: nuestros coachees están completos en este momento y tienen todas las respuestas dentro. Desde ese empoderamiento en el nivel del Ser, puedes pasar al empoderamiento en la dimensión del Hacer, que es lo que veremos ahora.

Tener conciencia de sus dones y talentos

Nosotros, como coaches, podemos brindarles a nuestros clientes un gran servicio al explorar y detectar el inventario de capacidades, fortalezas y talentos únicos que poseen y proporcionar recordatorios constantes, manteniendo esos talentos en mente durante todo el proceso de coaching.

Es habitual en los procesos de coaching que los coachees «se olviden» de sus propias capacidades. O tal vez ni siquiera sean conscientes de cuáles son esos talentos en primer lugar. Entonces los ayudaremos a descubrirlos.

Cada proceso de coaching tiene lo que Kurt Lewin llamó fuerzas *impulsoras* y *de restricción:* los factores que influyen en una situación hacia una meta (fuerzas de ayuda o conducción) o bloquean el movimiento hacia una meta (fuerzas de restricción).

Entre las fuerzas restrictivas, normalmente tenemos nuestros propios bloqueos internos, incluida la voz interna del ego, que a veces puede ser muy debilitante. Por lo tanto, recordarles a nuestros coachees su propio poder, sus fortalezas, talentos, conocimientos y experiencia únicos puede ser una fuerza impulsora poderosa que puede contrarrestar las fuerzas debilitantes y así fortalecer todo el proceso de coaching.

En esos momentos donde el coachee quiere actuar, pero surge una duda interna; cuando quiere considerar hacer un cambio, pero de repente siente miedo, en esos momentos necesitamos estar allí para recordarles el enorme poder que poseen en su interior, así como sacar a la luz su conjunto de habilidades.

Ejemplo: un coachee tenía una verdadera vocación, un talento increíble para crear y desarrollar juegos, y dijo que le encantaría hacer un cambio laboral y crear su propia compañía donde podría poner esos talentos a trabajar. En el camino tuvo los desafíos naturales de un nuevo negocio y fue constantemente asaltado por su voz interior que preguntaba: ¿es esto realmente para ti? ¿Serás capaz de vivir de esto? ¿Serás capaz de tener éxito? (Más sobre esto en la siguiente sección). En esos momentos, literalmente se olvidó de su pasión, su talento, su experiencia.

Hicimos juntos un inventario de sus:

- Habilidades y capacidades
- Talentos
- Fortalezas
- Conocimientos
- Experiencia
- Logros

Tenía la lista conmigo y él tenía su propia copia, y le pedí que la llevara con él como una «hoja de recordatorio» y que la mirara a menudo. Quería darle una oportunidad, porque no quería, a los ochenta años, mirar hacia atrás y sentir el arrepentimiento de no haber intentado nunca construir su propio negocio de juegos.

Detecté algunas palabras e ideas clave que utilizó para describir su experiencia al desarrollar juegos, y con la ayuda de la lista, se lo recordé regularmente:

- Entusiasmo («Estoy tan emocionado que no puedo dejar de trabajar en esto»).
- Fluir («Siento como si el tiempo pasara muy rápido»).
- Creatividad («Disfruto la riqueza de crear cosas nuevas todo el tiempo»).
- Autenticidad («Soy yo mismo»).
- Contribución («Hago felices a los demás con mis juegos»).

Ésas fueron las palabras que usó para describir su sueño y que lo hicieron iluminarse. Cada vez que surgía la duda, le recordaba cada uno de los elementos anteriores usando las palabras que él mismo usó y que contienen el significado particular que él les da.

Nuestro objetivo como coaches es:

- Ayudar a nuestros coachees a descubrir sus dones únicos, lo que tienen de especial.
- Ayudarlos a permanecer conectados a esos dones.
- Evitar que olviden sus propias fortalezas para no perder de vista lo que son capaces de hacer: siendo conscientes para ellos y reflejándoselo a ellos.

- Ayudarlos a reconocer esas fortalezas, independientemente del paradigma/meme al que pertenezcan esas fortalezas.[2]
- Evitar que den sus dones por sentado.

Desafiar a las creencias limitantes

La maestría del potencial es una de las mejores herramientas para crear conciencia sobre las creencias que ya no nos sirven que tenemos sobre nosotros mismos, las personas y el mundo. Esas creencias limitantes son percepciones inexactas que nos atrapan y nos impiden avanzar. Pueden originarse de muchas fuentes, como nuestra personalidad, nuestra educación y nuestro condicionamiento social.

Diferentes tipos de personalidad tienen diferentes cosmovisiones. Estas gafas a través de las cuales diferentes personas miran el mundo pueden contener perspectivas estrechas sobre la realidad. Según el sistema de personalidad del eneagrama, hay nueve tipos distintos de personalidad, cada uno con una visión del mundo que inevitablemente da como resultado formas automáticas de pensar, sentir y actuar basadas en una visión del mundo limitada. Aquí hay algunos ejemplos extraídos de este sistema:[3]

---

2. Esto nos lleva de nuevo a nuestra discusión sobre la dinámica espiral en la parte 1 al comienzo del libro. Hay una tendencia en la sociedad occidental a que las personas se midan exclusivamente por el paradigma de Orange: lo que uno ha logrado externamente en la vida es lo que importa. Como resultado, notará que muchos coachees se ven retrospectivamente y sienten que «no han hecho mucho con sus vidas». La maestría del potencial busca empoderar al coachee al mirar más allá de los logros externos. Ésos son importantes, pero no lo son todo en la vida. Entonces, cuando hacemos un inventario de fortalezas, podemos buscar todo tipo de parámetros. Por ejemplo, un coachee puede haber estado luchando por superar un problema durante mucho tiempo y haber demostrado resistencia y carácter mientras lo hacía. En el inventario, podríamos agregar persistencia, resistencia y asumir la responsabilidad como parte de las fortalezas del coachee.
3. Describir los nueve tipos de eneagrama en profundidad está más allá del alcance de este libro. Sólo estamos señalando una de las muchas creencias limitantes que tiene cada uno de los tipos de eneagrama. Para un tratamiento completo del tema, véase nuestro libro *Deja de Estancarte y Crece, Las técnicas de Eneagrama aplicadas al proceso de coaching*, Barcelona, Ediciones Urano, 2012.

Tipo uno: El reformador; «Siempre debo ser perfecto en todo lo que hago».

Tipo dos: El ayudador; «Siempre debo estar disponible para los demás. No ayudar a los demás es ser egoísta».

Tipo tres: El triunfador; «Siempre debo ser un ganador, el mejor en todo lo que hago».

Tipo cuatro: El individualista; «Siempre debo ser especial, escuchado y entendido».

Tipo cinco: El investigador; «Siempre debo estar bien informado y proteger mi privacidad».

Tipo seis: El escéptico leal; «Siempre debo estar preparado para cualquier eventualidad; la vida es peligrosa».

Tipo siete: El entusiasta: «Siempre debo tener actividades placenteras y divertidas».

Tipo ocho: El comandante: «Siempre debo ser fuerte; la vida es una jungla».

Tipo nueve: El pacificador: «Siempre debo estar en paz y tranquilidad».

¿Puedes ver cómo cada tipo se atrapa en una visión limitante de la realidad? A partir de estas creencias limitantes, puedes esperar el desarrollo de expectativas e ilusiones poco realistas. Nuestro papel como coaches es arrojar la luz de la conciencia sobre estas creencias para que nuestros coachees puedan verlas por lo que son, y una vez que esto suceda, tener la opción de vivir más libremente.

Tomemos, por ejemplo, el tipo dos, el ayudador. Son generosos y altruistas por naturaleza. Gente muy cálida, siempre dispuesta a echar una mano a los demás. Hasta ahora, éstas son grandes virtudes. El problema, nos enseña el eneagrama, es cuando el ego se hace cargo y cierta ansiedad comienza a correr a persona por dentro: ¿qué pasa si no ayudo? ¿A la gente todavía le gusto? Sin darse cuenta de esta dinámica, la persona puede comenzar a actuar compulsivamente para ayudar en piloto automático. Mucha gente del tipo dos que viene al coaching muestra, de hecho, síntomas de sobreesfuerzo y agotamiento. Son los ayudadores en la vida de los demás que siempre están disponibles para todos, descuidándose a sí mismos en el camino. Es común verlos con un sobreesfuerzo físico, emocional y financiero. Y todo esto sucede porque una buena virtud, ayudar a los demás, se convierte en una creencia limitante: **debo** ayudar a los demás en todo momento. Observe aquí el énfasis en la palabra *debo*.

Aquí hay algunas preguntas desafiantes típicas que puedes hacerles a sus coachees tipo dos:

- ¿Qué pasaría si, cuando realmente no puedes ayudar a otros (debido a limitaciones de tiempo u otros), te negaras cortésmente?
- Te sientes egoísta si te ayudas a ti mismo. Sientes que realmente necesitas estar dedicado a los demás para que otros te amen. ¿Es eso realmente así? ¿No te amarán si te cuidas? Y, si experimentas agotamiento, es posible que no puedas usar tu mayor virtud: ayudar. Una persona agotada no puede ayudar a los demás. Ayudar a los demás requiere que, hasta cierto punto, te cuides primero a ti, que «te pongas tu máscara de oxígeno primero». ¿Tiene sentido esto para ti?

Aunque éste es un ejemplo específico del tipo dos, el ayudador, observa cómo la estructura del desafío será la misma para cualquier otro tipo:

- ¿Qué pasaría si [hicieras lo contrario de lo que siempre haces]? Esta pregunta permite la conciencia y la posibilidad.
- Sientes miedo de ser… [inserta aquí una emoción negativa].
- Sientes que para tener éxito en la vida, realmente necesitas [inserta la ilusión particular aquí].

Como coach, tu mayor interés con respecto a las creencias limitantes es descubrir algo que sea una virtud, y cómo el uso excesivo de la virtud puede degradarlo a una creencia limitante. Permíteme ilustrar esto volviendo a los ejemplos para cada tipo anterior. Por ejemplo, ser excelente en todo lo que hacemos es bueno. Necesitamos reconocer a nuestro coachee si vemos que tienen la virtud de buscar siempre la excelencia. Pero nota cuán sutilmente esa fuerza puede deteriorarse en la competencia: ser excelente en lo que hacemos está bien; sin embargo, sentir que uno necesita vencer a todos todo el tiempo crea ansiedad y problemas para uno mismo y para los demás. En la dosis está el veneno: las creencias limitantes pueden comenzar en algo bueno que se usa en exceso o se exagera hasta el punto de que se convierte en un problema. Así que ten en cuenta esas dinámicas, sigue la narrativa de tu coachee y observa esas sutilezas. Nuevamente, intenta comprender las cosas que siente el coachee como «deben suceder o si no...». Ése es el territorio de las creencias limitantes. La persona sólo ve una forma de cómo pueden suceder las cosas y se vuelve ciega a las alternativas y posibilidades.

Hasta ahora hemos hablado de una fuente de creencias limitantes: las que se originan en las características de la personalidad y las cosmovisiones. Pero las creencias limitantes también surgen de muchas otras fuentes. Pueden aparecer como resultado de la educación de una persona o la cultura en la que nacieron, y muchas veces eso define el enfoque para lidiar con el dinero, las relaciones y la salud. Con una observación perspicaz y aguda, un coach de excelencia puede reconocerlos. He aquí un ejemplo:

> No tendré éxito en crear una *startup* con mis propias ideas. No tengo a nadie que me apoye con dinero. Hay algunas personas afortunadas cuyos padres tienen dinero y, por lo tanto, tienen capital para iniciar el negocio. Yo no.

En este caso, el cliente tiene un sueño (crear una *startup* con sus propias ideas), está experimentando algún tipo de restricción (no tiene capital para iniciarlo) y está percibiendo la realidad a través de un filtro distorsionador (si deseas iniciar un negocio, debes ser afortunado de tener unos padres adinerados, de lo contrario no podrás hacerlo). Este filtro distorsionador es la creencia limitante.

Por supuesto, podrás reconocer de inmediato la creencia limitante, porque todos conocemos muchos ejemplos de emprendedores exitosos que comenzaron sin nada. En realidad, funciona de manera opuesta: la investigación muestra que la mayoría de los empresarios exitosos no tenían ningún tipo de ayuda al principio. Entonces, con este coachee, necesitaría explorar esta creencia limitante, desafiarla y mostrarle al coachee cómo esta creencia está afectando su vida, impidiéndole perseguir sus sueños en la vida. Esto abre la posibilidad en el proceso de coaching, *si el coachee lo elige,*[4] de adoptar nuevas creencias que sean más adecuadas para él y que le permitan ir más allá de su condicionamiento.

Uno de los momentos más bellos que experimentamos como coaches es cuando un coachee alcanza ese momento «eureka» cuando identifica la creencia limitante y es capaz de dejar de operar bajo su guía. **Como resultado de la maestría de la potencia, los coachees ya no se ven restringidos por las viejas estrategias y paradigmas: pueden ampliar sus perspectivas, posibilidades y oportunidades, y están más dispuestos a emprender las acciones necesarias para alcanzar sus sueños.**

Dejar un legado

Hay ciertas cosas que son fundamentales para la realización humana. La esencia de estas necesidades está capturada en la frase **vivir, amar, aprender, dejar un legado.** La necesidad de vivir es nuestra necesidad física de alimentos, ropa, vivienda, bienestar económico, salud. La necesidad de amar es nuestra necesidad

4. Las palabras están en cursiva aquí para enfatizar la naturaleza no crítica de nuestro trabajo. Invitamos a los coachees a explorar por sí mismos. No es nuestro trabajo proporcionarles diferentes sistemas de creencias, como si lo que tuvieran en este momento fuera «incorrecto». Nosotros, como coaches, iluminamos lo que parece estar operando como una fuerza restrictiva en la vida del coachee, lo que no funciona para ellos, cualquier «caja» en la que se encuentren, y los invitamos a pensar «fuera de la caja». Ten presentes siempre todas las maestrías del Ser mientras desafías las creencias limitantes de un coachee. En otras palabras, desafía mientras estás presente, escucha con compromiso y crea confianza.

> social de relacionarnos con otras personas, pertenecer, amar y ser amados. La necesidad de aprender es nuestra necesidad mental de desarrollarnos y crecer. Y la necesidad de dejar un legado es nuestra espiritualidad. La necesidad de tener un sentido de significado, propósito, congruencia personal y contribución.
>
> —Stephen R. Covey

Hemos visto cómo con la maestría del potencial ayudamos a nuestros coachees a ver qué tienen de especial. Les ayudamos a ver la grandeza dentro de ellos. Nuestro trabajo como coaches es evocar esa grandeza, inspirarla, para que se active y actualice.

Una forma particularmente poderosa de hacerlo es ayudar a nuestros coachees a conectarse con su sentido de misión en la vida y lo que les gustaría que fuera su legado.

Contribuir: La mayor necesidad humana

En su libro *Relationship Breakthrough*, Anthony Robbins y Cloe Madanes han definido el crecimiento y la contribución como las necesidades humanas más elevadas: aquellas que satisfacen las necesidades espirituales de una persona. Según este modelo, antes de que se satisfagan esas necesidades superiores, la personalidad tiene cuatro necesidades:

- **La necesidad de certeza/comodidad.** Todo ser humano necesita seguridad y le preocupa la supervivencia física. Todos necesitamos un sentido de seguridad psicológica y estabilidad en nuestra propia vida y en nuestra relación con los demás.
- **La necesidad de incertidumbre/variedad.** Todo ser humano tiene una necesidad de variedad. Como equilibrio a los aspectos rutinarios de la vida, los desafíos y la estimulación de nuestros sentidos, mente y cuerpo nos ayudan a sentirnos vivos.
- **La necesidad de importancia.** Ésta es la necesidad de sentirse importante. Es el deseo humano normal de ser no sólo aceptado sino también valorado por otros. Obtener reconocimiento. Sentirse especial y único. Ser respetado.

- **La necesidad de amor y conexión.** Ésta es la necesidad de amar y ser amado, ser atendido. Esta necesidad es crucial para crear cualquier relación emocionalmente significativa. Esta definición también incluye los sentimientos de conexión con los demás.

Sin embargo, satisfacer estas necesidades de personalidad no es suficiente para que un ser humano experimente una *satisfacción* duradera. Para alcanzar ese sentido de plenitud en la vida, la persona necesita activar su poder más íntimo, el poder del espíritu. La satisfacción ocurre cuando somos capaces de satisfacer las dos necesidades espirituales:

- **La necesidad de crecimiento.** Ésta es la necesidad de alcanzar nuestro propio potencial. Para superar nuestros propios desafíos y crecer, para sacar lo mejor de nosotros mismos. Todos queremos una sensación de progreso en las diferentes áreas de nuestra vida. Esto nos hace cuidar y cultivar algo para satisfacer esta necesidad.
- **La necesidad de contribución.** Ésta es la necesidad de dar, de ayudar a otros. Cuidar los intereses de los demás y de la sociedad. Tener un efecto que pueda cambiar a una persona o un grupo, dejar un legado, una marca en el mundo. La contribución es el antídoto contra el egoísmo.

Y esto es lo que la maestría del potencial intenta evocar: la necesidad de crecer y contribuir, dejar un legado, despertar la grandeza que hay dentro de la persona.

Expandir los esfuerzos del coachee

La maestría del potencial trata de evocar el mayor potencial de nuestros clientes y ayudarlos a ir más allá de su zona de confort. La actitud es no sólo ir un poco más allá, sino atreverse a dar pasos audaces. Siempre que sea adecuado, por supuesto, y respetando al coachee, nunca empujando o corriendo. Es una invitación a soñar y pensar en grande.

Un hecho sorprendente surge de este modelo: *la satisfacción es directamente proporcional a nuestra voluntad de esforzarnos y crecer.* Cuando podemos hacerlo, y nos convertimos (después de superar los desafíos) en una mejor versión de nosotros mismos, somos capaces, desde ese nuevo lugar, de contribuir también al mundo.

Volvamos a nuestro ejemplo anterior, el coachee que quiere construir su propia compañía, pero se ve frenado por la creencia de que sin padres ricos no podrá hacerlo, puede terminar sintiéndose atascado, deprimido o insatisfecho.

¿Qué pasa si se deja llevar por la personalidad? En lugar de dirigir su energía al crecimiento y la contribución, puede buscar refugio temporal en la variedad, la certeza, el significado o el amor/conexión. Por ejemplo, puede decir «Necesito algo de variedad. Me tomaré unas vacaciones». Eso ciertamente podría ayudar a corto plazo. Eso puede llevarle cierta emoción, pero no verdadera felicidad, la verdadera satisfacción. Y el desafío ha quedado desatendido. ¿Encontrará el coraje para salir de la zona de confort, crecer y contribuir? Con la maestría del potencial, buscamos descubrir y evocar esa visión futura de nuestro coachee contribuyendo, dejando un legado, y nos ponemos al servicio de nuestro coachee en el camino para ayudarle a alcanzar esa meta. Usando todo el poder de la visión de su contribución al mundo al compartir sus dones y talentos a través de la compañía de sus sueños, puede crecer más allá de sus limitaciones y prosperar. **Ayudamos a que despegue manteniendo esa visión para él, recordándole sus talentos, alentándolo y apoyándolo durante todo el proceso.**

LISTA DE VERIFICACIÓN PARA ACTIVAR LA MAESTRÍA DEL POTENCIAL

(Identifica y ayuda a los clientes a apreciar su potencial y sus fortalezas)

- ❑ Cuando ves a tu coachee, ¿cómo lo percibes? ¿Es su potencial parte de la imagen?
- ❑ ¿Puedes visualizar su potencial? ¿Sentirlo?
- ❑ ¿Estás haciendo un inventario activo de las fortalezas y habilidades únicas de tu cliente? ¿Cuál parece ser su singularidad individual? ¿Qué potencial está adjunto allí? ¿Qué tipo de contribución puede tener en el mundo? ¿Qué tipo de legado podrían dejar si utiliza su potencial?
- ❑ Crea una lista y llévela contigo en cada sesión:
  - ❑ ¿Qué habilidades y capacidades tiene tu coachee?
  - ❑ ¿Cuáles son los talentos del coachee?
  - ❑ ¿En qué áreas tiene conocimiento el coachee?
  - ❑ ¿Qué experiencia tiene el coachee? ¿Es posible tomar prestada de esa experiencia y ponerla a trabajar para los objetivos del coachee?
  - ❑ ¿Qué logros han tenido en su vida?
- ❑ ¿Estás recordando a tus clientes sus fortalezas, talentos, habilidades únicas y capacidades?
- ❑ ¿Estás expresando creencia en su potencial?
- ❑ ¿Estás ofreciendo un sincero estímulo y empoderamiento (sin dejar de ser auténtico, sin caer en exageraciones)?
- ❑ ¿Estás tratando de evocar e inspirar el potencial de tu cliente?
- ❑ ¿Está el cliente dispuesto a tomar medidas para desarrollar su potencial? ¿Puedes ver el progreso en la forma en que completa las tareas de una sesión a otra?
- ❑ ¿Eres capaz de desafiar amablemente sus creencias limitantes? ¿Está dispuesto a actuar más allá de sus paradigmas actuales y hacia su potencial?

- ❑ ¿Mides el valor sólo por lo que se logra? En otras palabras, ¿estás midiendo el éxito en términos de hechos y logros exclusivamente? ¿O puedes valorar el Ser (quién es capaz de ser el coachee incluso si los resultados aún no están allí)?

Parte 2

Las maestrías del «Hacer»

La singularidad del enfoque de la IAC es el énfasis que pone en construir la relación primero, en lugar de lanzarse precipitadamente a la acción y el hacer. Por eso la primera parte se la hemos dedicado a construir los cimientos y cultivar en nosotros mismos como coaches la dimensión del Ser. Aprendimos cómo la presencia, la escucha, la confianza y el potencial son los «cimientos» subyacentes que sostienen cada conversación de coaching. Ahora pasaremos a cómo llevar a cabo esas conversaciones, mientras somos conscientes de la base del Ser subyacente en todo momento, para que pueda seguir influyendo en todo lo que hacemos y decimos en la sesión.

Cuando coacheas de esa manera, puedes ser muy efectivo en el Hacer, pero con una energía pacifica subyacente.

La maestría de expresar

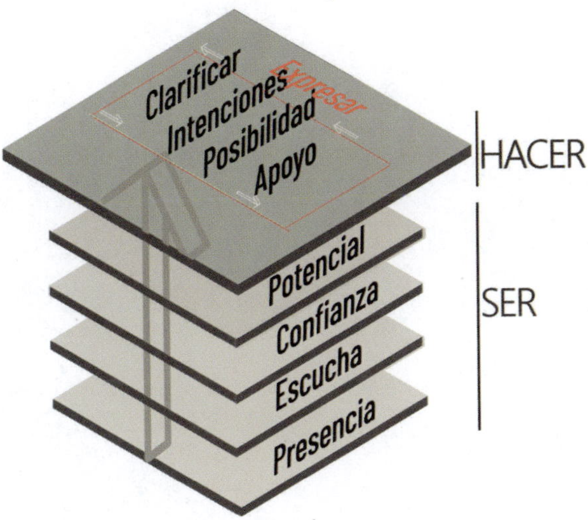

Una vez que se crea el clima basado en el Ser con las primeras cuatro maestrías (presencia, escucha, confianza y potencial), la herramienta central que los coaches tienen a su disposición para la dimensión Hacer es la conversación de coaching. Las comunicaciones del coach se convierten en facilitadoras de las posibilidades.[1] Son el trampolín para la transformación.

¿Cuál es el énfasis de esta maestría? Que a través de tu habilidad para expresarte, permites que surjan todo tipo de posibilidades. Cuando aplicas esta maestría, los coachees se sienten libres de preguntar y comunicarse durante la sesión, porque se sienten cómodos y confían en el proceso.

Para ser eficaz en tus comunicaciones, debes tener consciencia, estar plenamente presente, de modo que seas consciente de lo que estás comunicando y de cómo está afectando la sesión. Recuerda que todo lo que dice el coach afecta la sesión de una forma u otra.

Mantener el foco en el cliente

En una sesión de coaching de excelencia, el cliente habla la mayor parte del tiempo. Como regla general, podemos decir que el cliente debe hablar del 80 al 90 % de las veces y el coach del 10 al 20 %. En la maestría de la escucha comprometida, enfatizamos la importancia

1. No es que la primera dimensión, Ser, no use la expresión en absoluto. Lo hace, pero no como su modo dominante.

de esto. Sin embargo, el coaching no es sólo «cómo escuchar para que hablen», sino también «cómo hablar para que hablen».

¿A qué nos referimos con esto? Una forma normal de hablar obliga a la otra persona a ponerse en el papel de escuchador; desplazando su centro *hacia nosotros* y *fuera de ellos*. En cambio, en el coaching necesitamos hablar de una manera que los active, de modo que el centro permanezca en ellos, no en nosotros como coaches.

Ejemplos:

- «Cuéntame más».
- «Guau, eso es increíble. ¿Puedes ponerme un ejemplo?».

Observa cómo hablando de esta manera, a través de estas declaraciones y preguntas, activamos al coachee y el centro permanece en ellos. **Pueden continuar explorando sus propios pensamientos, sentimientos y sensaciones corporales. Recuerda que cualquier cosa que el coach diga tiene el potencial de desatar el procesamiento interno del coachee.** También estás demostrando en la práctica que realmente te importa, que estás interesado en ellos y en lo que tienen que decir.

Otra forma importante de mantener el centro en el cliente es evitar distracciones de todo tipo. Como regla general, **presta atención antes de compartir algo** y piensa: «¿Esto va a desplazar el centro del coachee? ¿Puede esto ser una distracción?». Es importante ser muy preciso. Por ejemplo, contar algo de sí mismo podría ser útil a veces (el coach comparte una experiencia personal relacionada con lo que dice el coachee que podría servir al cliente), pero el coach necesita preguntarse internamente: «¿Esto está dirigiendo la conversación hacia mí? ¿Cómo me aseguro de que el cliente se mantenga en su centro?».

En esta maestría, debemos tomar conciencia de lo que Daniel Kahneman llama la «maquinaria asociativa»: la tendencia automática de la mente a buscar cosas relacionadas y compartirlas de inmediato. Esto puede ser muy molesto para el coachee. Si recuerdas la terminología de Kahneman que estudiamos en la maestría de la presencia, el sistema 1 encuentra automáticamente una asociación con los temas que el coachee está mencionando («Oh, eso me recuerda a...»), y puede surgir un impulso para compartirla. No hay nada de malo en eso, siempre y cuando te detengas en el acto y te mantengas enfocado (en otras palabras, activa conscientemente tu sistema 2, guardando las asociaciones para ti mismo, para que no interrumpas al coachee).

Por eso es tan importante estar presente y atento como una forma de evitar que lo que estás expresando distraiga al coachee.

Menos es más: Hablar de manera clara y concisa

Otra forma de quitarle el centro al coachee es ser demasiado profundo y prolijo en el lenguaje, porque al hacerlo, dejamos menos tiempo para que el coachee hable.

Una de las razones por las que los coaches podrían usar declaraciones más largas y profundas es la ansiedad que les causa su propio desempeño. Pueden sentir que necesitan impresionar. Pero una gramática «complicada» y larga no es más profesional, simplemente es más torpe y poco clara. Los coaches de excelencia pueden expresarse en una forma igualmente profesional pero menos compleja.

Como señala el autor Joe McCormack: «La brevedad es un arte perdido en esta era de sobrecarga de datos. Si quieres llamar la atención de alguien, debes ser breve. Cuanto más digas, menos van a escuchar». Las personas se distraen muy fácilmente en estos días: si no eres conciso, corres el riesgo de perder la atención de tu coachee rápidamente.

Por lo tanto, si deseas ser más eficaz, mientras mantienes al coachee en el centro de la sesión, debes aprender a cultivar el arte de la brevedad. Esto permitirá que tus mensajes se vuelvan menos complejos y sean más claros, más dinámicos, menos pesados y más comprensibles.

¿Cómo lo logras?

- **Evitar sobrecargas**. Observa si tiendes a usar frases innecesariamente complicadas. Limitar la «carga» significa no hablar en bloques densos de oraciones. Entrénate para hablar y luego para callar. Envuelve siempre tus frases con espacios.

- **Usar «más puntos y menos comas».** Una coma invita a oraciones más largas. Si visualizas tu discurso por escrito, lo ideal sería ver oraciones cortas, no de varias líneas.
- **Evitar preguntas irrelevantes y distracciones.**
- **«Recortar» y dar menos detalles.** Fíjate en el mensaje que deseas transmitir e imagina ir hacia él en línea recta, no ir en círculos o adjuntarle información adicional. Pregúntate: ¿es necesario proporcionar todos estos detalles? Si acorto mis oraciones, ¿el mensaje llegará de todos modos?
- **Recordar la analogía musical.** Si estás familiarizado con el lenguaje musical, sabes que cuando haces un solo de guitarra, debes permanecer en la escala y escuchar los acordes subyacentes. Lo mismo se aplica aquí: no hay lugar para divagar en el coaching profesional. Los errantes pueden abrir un paréntesis, interponer ejemplos, salir por una tangente y de repente se encuentran sin saber dónde estaba la conversación original. Como coach, evita el efecto «¿dónde estaba/por qué te estaba diciendo esto?».
- **Evitar sobreexplicarse.** Deja sólo los componentes esenciales. Simplifica.

Cuando estas técnicas se aplican a lo largo de toda la conversación de coaching, pueden reducir significativamente el tiempo de conversación, dejando más tiempo para que el cliente hable mientras a la vez se mantiene el mismo tono profesional.

Construir y mantener una buena relación a través de comunicaciones personalizadas

Acabamos de aprender la importancia de ser breves. Pero como todo lo que estudiamos en el coaching, este principio también debe aplicarse con discernimiento y no como una regla genérica que usemos indiscriminadamente. Algunos coachees, si hablas muy poco con ellos, pueden percibirte como demasiado cerebral, demasiado frío e incluso insensible. Con ellos, será más mejor que no apliques la regla de «ser breve».

Esto nos lleva al siguiente principio: adaptar tus comunicaciones al estilo de tu cliente.

Adaptar tus comunicaciones te salvara de la trampa del coaching de «talla única» (OSFA, por sus siglas en inglés, *one size fits all).* La OSFA ocurre cuando hablas con cada cliente como si fueran lo mismo, sin tener en cuenta que las personas tienen diferentes personalidades, temperamentos y preferencias y que deben abordarse de diferentes maneras.

Utilizamos dos herramientas principales en nuestra práctica para crear una relación basada en las preferencias de nuestros clientes: Myers-Briggs y el sistema eneagrama de tipos de personalidad.[2]

Adaptar tus comunicaciones utilizando las funciones de Myers-Briggs

Durante las primeras décadas del siglo XX, Carl Jung, el famoso psiquiatra suizo, empezó su investigación sobre los tipos psicológicos. Jung, considerado uno de los «padres de la psicología» junto con Sigmund Freud y Alfred Adler, dedicó su vida a descubrir qué subyace en la conducta humana, qué puede explicarla. Y descubrió que la conducta humana no es fruto del azar, y que, en gran medida, se puede explicar mediante ciertos pares opuestos de atributos psicológicos que están presentes en cada persona. Por ejemplo, cuando analizamos nuestra manera de gestionar nuestra vida social, todos tenemos la capacidad de usar la preferencia por la extroversión o la introversión. Sin embargo, en determinado mo-

2. Para saber cómo usar Myers-Briggs y el eneagrama juntos, véase nuestro libro *Deja de estancarte y ¡crece! (2013)*, Barcelona: Ediciones Urano (del cual se citan estas secciones sobre Myers-Briggs).

mento de la vida, empezamos a usar inconscientemente uno de esos atributos más que el otro. Esto quiere decir que uno de ellos se convierte en nuestro modo preferido. Por ejemplo, podemos elegir la extroversión como nuestra estrategia preferida para gestionar nuestra vida social. Lo cual no quiere decir que no podamos ser introvertidos; significa que nuestro modo *dominante* es la extroversión.

Los descubrimientos de Jung se publicaron por primera vez en su famoso libro *Tipos psicológicos* en 1921. En esta obra describía las preferencias por los atributos extroversión/introversión, sensorial/intuitivo y pensamiento/sentimiento. En la década de 1940, dos mujeres norteamericanas, Isabel Myers y Katharine Briggs, crearon un modelo aplicando las funciones psicológicas de Jung. Su obra se ha convertido en el método de evaluación psicológica más usado en el mundo: el MBTI (por sus siglas en inglés, Myers-Briggs Type Indicator*, indicador de tipo de Myers-Briggs). A los tres pares de preferencias opuestas que describió Jung, ellas añadieron un cuarto: Juicio/Percepción.

Extroversión (E) - Introversión (I)
Sensación (S) - Intuición (N)
Pensamiento (T) - Sentimiento (F)
Juicio (J) - Percepción (P)

Este test mide la dominancia de una función concreta en cada par, y da como resultado un código de cuatro letras. Por ejemplo, una persona que tiene preferencia por la introversión en el primer par obtiene la letra «I» en su código de cuatro letras. Si en la persona predomina el factor sensorial, la «S» será la segunda letra, y así sucesivamente para la tercera y la cuarta letras. Como resultado, según el instrumento MBTI existen dieciséis tipos de personalidad. La siguiente figura nos da un ejemplo de un cliente ENTJ.

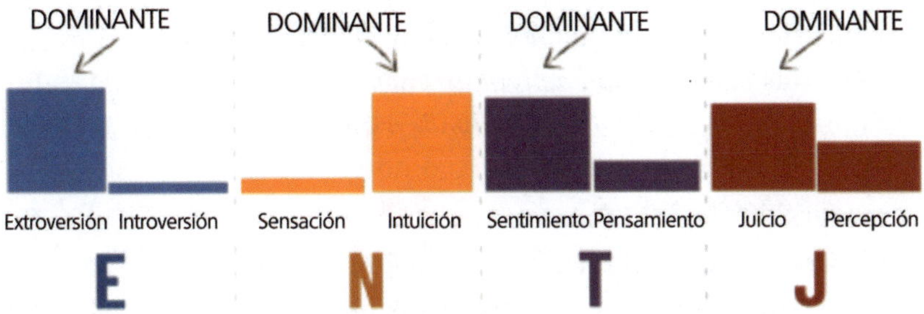

En las siguientes secciones describiremos con mayor detalle las ocho preferencias.

Primer ámbito: la preferencia social y energización

La primera dimensión de la personalidad identificada por Jung fue la extroversión/introversión. Lo que mide esta dimensión es nuestra preferencia relativa a la actividad social y al modo en que gestionamos y restauramos nuestros niveles energéticos.

Extroversión («E»)

Los coachees que sienten preferencia por la extroversión están orientados hacia el exterior, son sociables, habladores y recargan sus niveles energéticos por medio de actividades sociales y externas. Son personas entusiastas, activas, animadas, rápidas y enérgicas. Son interactivas y tienden a exteriorizar sus pensamientos para procesarlos. Cuando conversan, suelen usar muchas palabras y hablar en voz alta. Están más orientadas a la acción que las introvertidas, y tienden a actuar (y a hablar) de forma más espontánea. Interactúan bien en grupos y se les da bien generar ideas dentro de éstos.

Cuando te comuniques con este tipo de personas, respeta su necesidad de expresarse espontáneamente. Prefieren encuentros cara a cara, o hablar por teléfono antes que recurrir a la comunicación escrita, como el correo electrónico. Es importante mantener el contacto visual con ellas. Si eres introvertido, comprende el modo en el que exteriorizan sus pensamientos los extrovertidos (a veces sin haberlos meditado mucho), y ten paciencia con ellos.

Palabras clave: *Social, actividad, encuentro, reunión, grupo, entusiasmo, expresión, cara a cara, habladores, asertivos, rápidos, abiertos.*

Introversión («I»)

Los coachees que prefieren la introversión están orientados hacia su interior, son reservados y recargan sus niveles energéticos al pasar tiempo a solas. Son personas reflexivas y contemplativas. Tienen una forma de actuar calmada y controlada, y su ritmo es más lento que el de otras personas. Su forma de hablar se caracteriza por emplear pocas palabras, pausas y una voz más apacible. Les gusta disponer de espacio, tanto físico como en términos de tiempo, para disfrutar de sus actividades solitarias. Normalmente, sólo tienen unos pocos amigos, que son íntimos. A muchas de estas personas les gusta leer.

Cuando te comuniques con introvertidos, respeta su necesidad de tomarse un tiempo para pensar y procesar lo que se dice en la conversación. Escúchalos activamente y no los agobies hablando demasiado. Puede que se produzca poco contacto visual o ninguno. Dado que tienden a pensar y a reflexionar antes de actuar, normalmente tardan un poco más en actuar; no les metas prisa. Funcionan bien al comunicarse por escrito, por ejemplo, a través del correo electrónico, ya que, como es lógico, disponen de más tiempo para reflexionar bien sobre sus respuestas. En persona, prefieren las interacciones con un solo interlocutor antes que las grupales o sociales.

Palabras clave: *Reflexión, percepción, introspección, uno a uno, previsión, consideración, interior, escuchar, solo, espacio, baja intensidad, íntimo, reservado, contemplativo, apacible, «difícil de conocer», lento.*

Segundo ámbito: El procesamiento de la información

Los seres humanos estamos expuestos constantemente a una gran cantidad de información y de estímulos externos. Pero el modo en que se percibe y se procesa esa información no es el mismo para todos. Cada persona tiende a percibir automáticamente aspectos diferentes de la realidad. Jung distinguió entre dos formas distintas y principales en las que las personas suelen absorber y procesar la información externa. La primera se llama estilo sensitivo, y la segunda estilo intuitivo.

Sensación («S»)

Los coachees que muestran preferencia por la sensación tienden a percibir la realidad de un modo *inmediato*. Se concentran en el presente. Sus sentidos de la vista, el oído, el olfato, el gusto y el tacto casi siempre están muy activos y actúan como receptores del mundo que los rodea. Sus sentidos son sus *instrumentos* preferidos para percibir la realidad de una forma fiable.

Ellos necesitan mucho la claridad y son realistas y pragmáticos. Se les da muy bien detectar los detalles de todas las cosas.

Cuando tienen que solucionar un problema, les interesa reunir datos no interpretados, directos. Quieren saber si las cosas funcionan, y se fían de soluciones demostradas que han funcionado en el pasado. También tienen la capacidad de convertir las ideas en aplicaciones prácticas.

Al comunicarte con ellos, es importante ser directo y claro. No los agobies con modelos y teorías complejos: exponles los hechos, pon ejemplos y sé concreto. En ningún momento dejes de ser práctico. Cuando les describas algo, hazlo secuencialmente, y enséñales las cosas paso a paso, de una forma clara.

Palabras clave: *Sentido común, presente, real, concreto, aquí y ahora, hechos, funcional, específico, detalles, pautas, demostrado, experiencia, «probado y aprobado», claridad, rutina, procedimiento.*

Intuición («N»)

Los coachees con preferencia por la intuición tienden a percibir la realidad por *inferencia*. Su atención tiende a centrarse en el porqué de las cosas. Confían en sus corazonadas y en su imaginación, antes que en sus sentidos. Dado que se centran en la imagen general, miran la realidad como a vista de pájaro: de esta forma, perciben todos los elementos que la componen, los vínculos y las interrelaciones entre ellos. Se les da bien detectar conceptos, posibilidades, tendencias, patrones y consecuencias. Tienen la capacidad deductiva y connotativa: perciben cómo los sucesos presentes sugieren algo más de lo que es explícito o se expresa directamente.

Cuando tienen que resolver un problema, se les da bien aplicar la proliferación y la generación de ideas. Les gusta experimentar y, si es necesario, se apartarán de las soluciones adoptadas en el pasado y demostradas. Les interesan las posibilidades: por un lado, buscan otras maneras de abordar y resolver un problema; por otro lado, observan lo latente, lo potencial: aquello que podría ser pero que aún no es. También son competentes para reorganizar las cosas con objeto de descubrir significados y relaciones entre ellas.

Cuando te comuniques con personas así, es importante que seas global antes de centrarte en los detalles. No las agobies con detalles y cosas concretas: sé conceptual, expón las ideas generales y muéstrales la imagen global, el modo en que se interrelacionan las cosas y cuáles son sus implicaciones. No te alejes del porqué de las cosas. Cuando les describas algo, emplea metáforas y asociaciones.

Palabras clave: *Inspiración, perspicacia, futuro, creatividad, ideas, proliferación de ideas, nuevo, tendencias, patrones, posibilidades, imaginación, abstracto, holístico, corazonada, matiz, implícito, teoría, modelo, sutileza, connotación, implicación, reorganizar, significado, integrador, novedoso.*

Tercer ámbito: La toma de decisiones

Como ya hemos visto en el par de referencias anteriores, los seres humanos están expuestos constantemente a una gran cantidad de información y estímulos externos, que deben procesar. En *Tipos psicológicos,* Jung explicó que, tras juzgar lo que significan para nosotros los sucesos externos, participamos en un proceso de toma de decisiones. Sin embargo, también aquí existen dos filtros distintos con los que podemos realizar este proceso: el pensamiento y el sentimiento.

Estas preferencias no son mutuamente excluyentes, y todos las tenemos y las usamos, pero cada uno manifiesta una preferencia hacia una o la otra.

Pensamiento («T»)

Los coachees que tienen preferencia por el pensamiento prefieren tomar decisiones de una forma lógica. Valoran la objetividad. Antes de decidir, sopesan los costes y los beneficios. También prestan atención a la causalidad: cómo influirá un hecho sobre otros y cuál es la consecuencia que podemos esperar.

Al comunicarte con ellas, es importante ser lógico y objetivo. No las agobies con sentimientos: mantente tranquilo y objetivo en todo momento. Cuando les describas algo, sé claro y organizado, y sobre todo explícales la relación entre la causa y el efecto.

Palabras clave: *Objetivo, análisis, distanciamiento, lógico, causa-efecto, coste-beneficio, criterios, evaluación, consecuencias, información, conocimiento, sopesar.*

Sentimiento («F»)

Los coachees que tienen preferencia por el sentimiento optan por tomar las decisiones de una forma más personal y subjetiva. Quieren tomarlas basándose en valores y en principios. Antes de decidir, sopesan el modo en que sus decisiones influirán sobre ellos y sobre otros seres humanos.

Cuando te comuniques con estas personas, es importante que las escuches activamente.[3] Habla desde el corazón y no las presiones con la lógica: demuéstrales que te importan, y en todo momento sé personal y receptivo. Cuando les describas algo, muéstrales qué papel desempeñan los valores en el tema en cuestión y cuál es (o será) el impacto que tendrán sobre los sentimientos y el bienestar de las personas.

---

3. Por supuesto, esto es importante con todos nuestros coachees. Pero aquí buscan ser entendidos emocionalmente y se debe poner más énfasis en esta acción.

Palabras clave: *Sensibilidad, personal, interés, sentimientos, comunicación, humano, apreciación, emociones, empatía, relaciones, valores, principios, compasión, expresión, armonía, amistoso, nutrición, respaldo, interacciones.*

Cuarto ámbito: La estructuración de la vida

En los años cuarenta, Katharine Briggs e Isabel Briggs Myers empezaron a trabajar en la creación de un instrumento de evaluación de los tipos de personalidad basado en las teorías de Carl Jung. Además de los tres pares de preferencias propuestas por Jung (extroversión/introversión, sensación/intuición, pensamiento/sentimiento), propusieron un cuarto: juicio/percepción. Así, el instrumento MBTI fruto de su investigación pasó a incluir también esta dimensión. ¿Qué miden estas dos preferencias añadidas? Evalúan algunas preferencias generales relativas a la estructura y a la conclusión. ¿Preferimos un estilo de vida estructurado, organizado, planificado, u otro más espontáneo? ¿Nos gusta mantener abiertas nuestras opciones, o sentimos una preferencia por los asuntos cerrados y concluidos?

Juicio («J»)

Los coachees que tienen preferencia por el juicio viven su vida de una manera estructurada. Valoran el orden; mantienen organizadas sus agendas; se les da bien clarificar listas de tareas que deben hacer y les gusta finalizarlas todas. Les gusta atar todos los «cabos sueltos» y se sienten incómodos cuando no logran rematar un asunto. Para ellas, es importante la puntualidad y la autodisciplina, y, normalmente, disponen de rutinas bien organizadas.

Cuando te comuniques con personas con esta preferencia, es importante ser decisivo. No las desbordes con opciones: mantente centrado y «con la vista en el blanco» en todo momento. Sé siempre puntual; cuando les describas algo, sé conciso y organizado, y enfatiza cómo alcanzar la conclusión del asunto.

Palabras clave: *Conclusión, organización, orden, fecha tope, estructura, decidido, asentado, conformidad, plan, control, tarea, programa, oportuno, puntualidad, disciplina, productividad, perseverancia, blan-*

co, objetivos, eficiencia, preparado, dispuesto, meta, agenda, «atar cabos sueltos», concentración, compromiso.

Percepción («P»)

Los coachees que optan por la percepción prefieren vivir la vida de una forma menos estructurada, de manera que fluya más. Valoran la espontaneidad; mantienen abiertas y flexibles sus agendas, y pueden adaptarse «sobre la marcha» a los acontecimientos. Se adaptan rápidamente a los cambios, y son capaces de variar el rumbo rápidamente si las circunstancias se lo exigen. Su curiosidad los capacita para explorar opciones y posibilidades.

Cuando te comuniques con estas personas, es importante que seas abierto. No los agobies con fechas tope ni les metas prisa para que tomen decisiones. Respeta su necesidad de disponer de algún tiempo para considerar sus opciones antes de actuar. Cuando el asunto que tienen entre manos es realmente importante y exige su actuación inmediata, díselo con firmeza, pero evita sermonearlos. Cuando les describas algo, céntrate en los procesos y describe los numerosos cursos de acción disponibles.

Palabras clave: *Flexibilidad, espontaneidad, relax, curiosidad, posibilidades, amplitud, apertura, libertad, gama, opciones, elecciones, «planes con final abierto», adaptable, fluir, proceso, entusiasmo, evaluación, consideración (de opciones), espacio, amplitud, interés.*

Adaptar tus comunicaciones usando el eneagrama

El eneagrama es un sistema que estudia las diferencias entre las personas. Clasifica a los seres humanos en nueve tipos de personalidad. Estos nueve tipos se organizan en un diagrama de nueve puntos. Todos tenemos rasgos pertenecientes a los nueve tipos, pero en diversas proporciones, y, normalmente, domina un tipo sobre los demás. Este tipo dominante es nuestro estilo de personalidad eneagrámico.

Los individuos de cada uno de los nueve tipos poseen un conjunto único de mecanismos y características psicológicas que influyen *inconscientemente* en cómo ven el mundo, en su forma de pensar, de sentir y, en última instancia, en su conducta. La conducta competitiva de los tipo tres se deriva de un conjunto de creencias que impulsan a las personas de este tipo a alcanzar a toda costa el éxito y el reconocimiento ajeno. La conducta precavida de los tipo seis se desprende de un conjunto de creencias que conforma su pensamiento, sus sentimientos y su conducta en un mundo que consideran peligroso. Por consiguiente, la identificación de estos mecanismos, ser conscientes de ellos, es fundamental si queremos introducir cambios. Un objetivo básico en cada proceso de coaching es ayudar al coachee a hacerse cargo de su propia vida de manera proactiva, para crear conciencia y responsabilidad. Dado que cada uno de los nueve tipos tiene un conjunto único de mecanismos que dan forma a sus elecciones, podemos ayudarlos a descubrir esos mecanismos si quieren perseguir sus sueños de manera proactiva. Por eso ya mencionamos el eneagrama en la maestría del potencial, cuando hablamos de creencias desafiantes. Pero este poderoso sistema tiene una miríada de otras aplicaciones, y también puede servir como un instrumento clave para adaptar nuestras comunicaciones a nuestros coachees.

Una vez que conoces el tipo de eneagrama de un coachee, puedes adaptar tus comunicaciones según sus preferencias de personalidad. Los siguientes son algunos consejos para cada uno de los tipos.

Tipo uno, el perfeccionista

Los tipo uno son personas responsables y trabajadoras que constantemente tratan de mejorarse a sí mismos y al mundo que los rodea.

Cómo comunicarse con ellos

Qué hacer:

- Sé siempre puntual.
- Presta atención a los detalles.
- Sé metódico, organizado, directo y práctico.

Qué no hacer:

- No cambies de rumbo, no los sorprendas. Cumple con un plan.
- No intentes ser persuasivo en ningún sentido.
- No los abrumes con entusiasmo: sé formal y serio.

Tipo dos, el ayudador

Los tipo dos son personas orientadas hacia las personas, cálidas y muy perceptivas sobre las necesidades, deseos y sentimientos de los demás.

Cómo comunicarse con ellos

Qué hacer:

- Sé personal. Haz o di algo que aporte a la relación antes de comenzar a trabajar.
- Siempre que sea posible, mantente en contacto personalmente o por teléfono (el correo electrónico es menos personal, por lo que generalmente no es su modo preferido de comunicarse). La regla es: elige siempre la forma más personal (una videollamada cara a cara con Zoom es mejor que las llamadas telefónicas normales; el teléfono es mejor que el correo electrónico, etc.).
- Enfatiza sus dones de generosidad y altruismo.

Qué no hacer:

- No lo des por sentado. Son personas corteses y siempre tratarán de hacer algo por los demás. En una situación de coaching, donde son los coachees, siempre intentarán ayudarte de alguna manera. Reconóceles sus buenas intenciones.
- No seas demasiado cerebral. Prefieren un estilo de comunicación cálido y sincero. No los abrumes con datos, hechos o análisis.
- No hables rápido y de manera impersonal.

Tipo tres, el triunfador

Los tipo tres son personas conscientes del éxito y de la imagen, dinámicas y autónomas que quieren sobresalir y ser lo mejor que puedan.

Cómo comunicarse con ellos

Qué hacer:

- Reconoce sus logros.
- Siempre estate preparado y bien organizado. No improvises.
- Mantén un ritmo elevado en las sesiones y dales tareas (les encanta mantenerse en acción y completar las tareas).

Qué no hacer:

- Nunca los compares con otras personas.
- No los ignores de ninguna manera. Suelen buscar pistas para ver si los reconoces y admiras.
- No apuntes a los errores de manera directa.

Tipo cuatro, el individualista

Los tipo cuatro son personas introspectivas y emocionalmente profundas que pueden ser originales, creativas e imaginativas.

Cómo comunicarse con ellos

Qué hacer:

- Asegúrate de que tus palabras y tu actitud reflejen la aceptación plena y el no juicio.

- Sé auténtico.
- Brinda espacio y escucha con paciencia, ya que son personas muy intensas que tienden a estar cargadas emocionalmente y tienen una gran necesidad de ser escuchadas con toda la atención.

Qué no hacer:

- No intentes darles ánimo.
- No propongas cosas en términos en blanco y negro: recuerda que son personas muy creativas.
- No abuses de un enfoque cerebral: considera siempre sus emociones y habla de ellas.

Tipo cinco, el investigador

Los tipo cinco son observadores y librepensadores perceptivos e independientes que tienen un enfoque predominantemente cerebral de la vida.

Cómo comunicarse con ellos

Qué hacer:

- Usa la lógica.
- Sé paciente con su necesidad de explorar, investigar y comprender las cosas desde una perspectiva más amplia.
- Dales mucho espacio.

Qué no hacer:

- No los apresures.
- No hagas preguntas que puedan sentir que son demasiado personales.
- No uses un enfoque emocional.

Tipo seis, el escéptico leal

Los tipo seis son personas leales, que buscan seguridad, que trabajan duro y que pueden ser muy perspicaces con respecto a los posibles problemas y peligros y cómo prepararse para ellos.

Cómo comunicarse con ellos

Qué hacer:

- Sé tranquilizador y ayúdalos a ver que el proceso de coaching es manejable cuando comience su ansiedad.
- Sé paciente con su estilo de preguntas.
- No los apresures, tienden a cambiar radicalmente de opinión, progresan y luego retroceden rápidamente.

Qué no hacer:

- No minimices sus miedos y ansiedades.
- No intentes ser persuasivo: rápidamente se vuelven suspicaces.
- No les des demasiadas opciones simultáneamente: tienen problemas para decidir.

Tipo siete, el entusiasta

Los tipo siete son personas optimistas, enérgicas y orientadas a las posibilidades que aprecian la vida y quieren vivirla al máximo.

Cómo comunicarse con ellos

Qué hacer:

- Corresponde a su entusiasmo y su energía.
- Sé paciente con sus dificultades para terminar las cosas (por ejemplo, si les asignas tareas).
- Enfatiza cómo el coaching abre posibilidades.

Qué no hacer:

- No seas monótono.
- No remarques la responsabilidad como una obligación.
- No seas negativo: mantén una actitud positiva en todo momento.

Tipo ocho, el retador

Los tipo ocho son personas fuertes, directas y orientadas al poder que son líderes naturales.

Cómo comunicarse con ellos

Qué hacer:

- Sé directo: no endulces las cosas.
- Comienza por el final: no des vueltas al hablar con ellos.
- Sé inteligente y práctico: no seas demasiado cerebral o académico.

Qué no hacer:

- No uses un enfoque emocional.
- No tengas miedo de su ira y energía intensa.
- No reacciones a su estilo: fluye con él y respetuosamente mantén tu posición si te desafía.

Tipo nueve, el pacificador

Los tipo nueve son personas tranquilas, relajadas y estables que tienen una orientación hacia lo pacífico y lo armonioso.

Cómo comunicarse con ellos

Qué hacer:

- Habla despacio, con mucho «espacio».
- Sé paciente: están orientados a la rutina y, a veces, necesitan tiempo para actuar y crear cambios.
- Sé diplomático.

Qué no hacer:

- No los apresures.
- No les hagas sentir presionados para tomar decisiones y acciones.
- No seas demasiado directo: utiliza un enfoque gentil, indirecto y discreto.

Encontrar el momento adecuado y las palabras correctas para el cliente en cada momento

Los griegos tenían dos palabras para el tiempo: *cronos* y *kairos.* La primera representa el tiempo cronológico, secuencial. La segunda significa un momento oportuno para la acción. Cronos es una medida cuantitativa, mientras que kairos es cualitativa.

Aplicado al coaching, el concepto de kairos representaría un instante pasajero cuando aparece una oportunidad para que el coach aplique una herramienta de coaching con el coachee de manera oportuna.

Los coaches de excelencia son excepcionales en kairos porque están magníficamente conectados con sus clientes. Al estar muy presentes en todo momento durante la sesión y al escuchar con compromiso, pueden aprovechar una ocasión cuando aparece y hacer lo correcto en el momento adecuado. Esos momentos fugaces son esenciales, y un excelente coach sabe cómo reconocerlos. Eso es «buen kairos». «Mal Kairos» sería no esperar la oportunidad, hablar demasiado y en el momento equivocado.

LISTA DE VERIFICACIÓN PARA ACTIVAR LA MAESTRÍA DE LA EXPRESIÓN

- ❑ ¿Cuánto espacio le estás dando al coachee para expresarse? ¿Qué porcentaje de la sesión dirías que está hablando el coachee?
- ❑ ¿Estás invitando a la participación del coachee en la sesión? ¿Estás provocando comentarios y autorrevelación de necesidades y sentimientos?
- ❑ ¿Eres sensible a los estados de ánimo y circunstancias particulares del coachee?
- ❑ ¿El coachee parece sentirse libre de hacer preguntas y comunicarse contigo?
- ❑ ¿Eres consciente de las palabras que estás usando?
- ❑ ¿Eres consciente de tu voz, tono y ritmo?
- ❑ ¿Eres consciente del silencio? ¿Puedes quedarte en silencio para permitir que el coachee procese a su ritmo? Del 0 al 10, ¿cuán cómodo te sientes al permanecer en silencio?
- ❑ ¿Eres consciente de la energía con la que está hablando el coachee? ¿Le estás *correspondiendo?*

La maestría de la clarificación

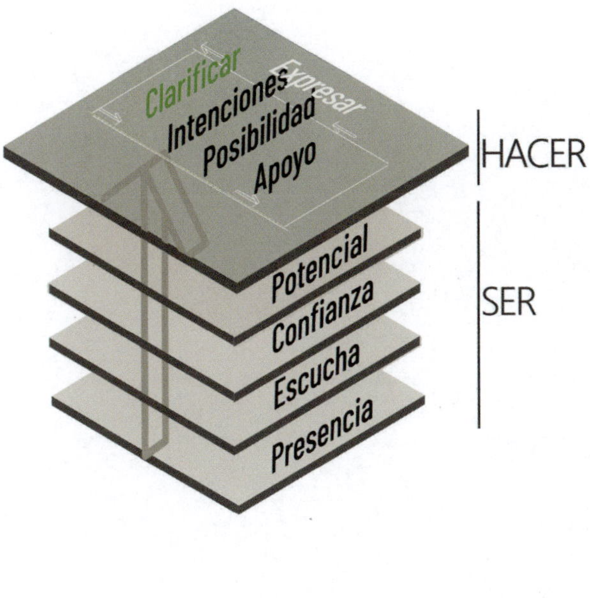

> Intentaba tomar una decisión y me sentía muy insegura. No podía decidir entre dos opciones con respecto a la mudanza de mi oficina, y realmente no sabía qué hacer. Estaba confundida. Mi coach me ayudó a aclararme y me sentí más cómoda. No me dijo qué hacer. No me dio consejos. Simplemente hizo preguntas, y gradualmente todo comenzó a parecer menos confuso y complejo. Mi decisión se simplificó enormemente y, después de la sesión de coaching, realmente me entusiasme y me fue más fácil tomarla.
>
> —Marcia, coachee de 52 años

La maestría de la clarificación tiene como objetivo reducir (o eliminar) la confusión o la incertidumbre. Como resultado, el cliente puede avanzar con más claridad, mejor enfoque, más confianza y mayor energía. Como resultado, la conciencia de los clientes también aumenta y pueden percibirse a sí mismos desde una nueva perspectiva.

Síntomas vs. causas

El coach invita al coachee a llegar a las causas profundas de lo que está sucediendo.

Como mencionamos en la introducción de este libro, muchos enfoques de coaching permanecen sólo en la superficie, los síntomas, el qué: cuál es el problema, qué hay que hacer. El enfoque de la IAC es profundizar y reconocer una dimensión más profunda, el quién.

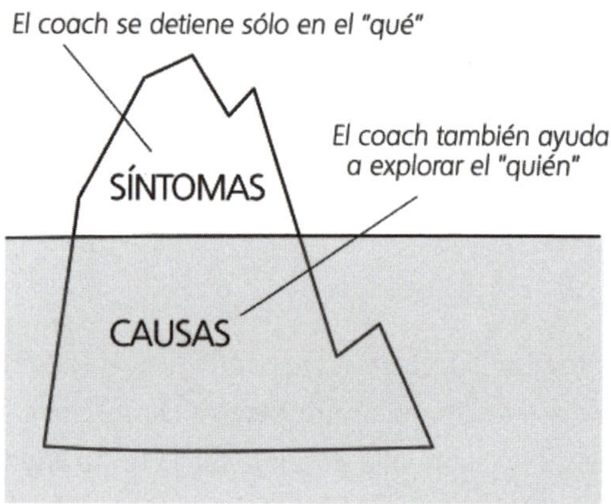

Crear conciencia significa aprender más sobre ti y sobre lo que en el coaching con eneagrama se llama el «observador interno». Implica el desarrollo de la capacidad de mirarte a ti mismo, de estar abierto a aprender más sobre lo que puede estar operando en ti, pero de lo cual estás demasiado cerca para verlo. Ahí es donde un coach puede ayudar. Y la maestría clarificadora se sumerge en esa dimensión. No sólo estamos interesados en los síntomas superficiales, sino en explorar las causas raíz, por lo que la persona que explora también aprende mucho sobre sí misma.

Clarificar valores y necesidades clave y alinearlos con el objetivo

La maestría de la clarificación nos ayuda a descubrir las motivaciones más profundas que impulsan a nuestro cliente. Es muy común que los clientes busquen coaching con un cierto objetivo en mente, mientras que las verdaderas motivaciones que los impulsan tal vez estén fuera de su propio conocimiento. Los ejemplos clásicos incluyen:

- Debería tener un negocio exitoso y ganar dinero.
- Debería perder peso.
- Debería hacer más ejercicio.

  Etc.

Los métodos que no son de coaching pueden abordar lo anteriormente mencionado de manera directa: «¿Deseas construir un negocio exitoso y ganar dinero? Aquí está el consejo. Aquí está lo que necesitas hacer».

Y el consejo puede ser valioso en muchos casos. ¿Cuál es la desventaja de esto, sin embargo? Que sin descubrir la motivación más profunda detrás de la decisión de ganar más dinero, los resultados obtenidos pueden no ser sostenibles, independientemente de cuán bueno sea el consejo. Por eso muchas personas comienzan proyectos, ideas, negocios, pero luego renuncian rápidamente tan pronto como comienzan las dificultades, abandonando la carrera a la mitad.

¿Cuál es la diferencia en el coaching? Que tratamos de aclarar los valores de los clientes respecto a la meta. Por ejemplo: ¿*cuáles* son sus valores en torno al dinero? ¿Por qué quieren hacer eso? ¿Qué les está impulsando profundamente? ¿Qué hay realmente debajo de su deseo? ¿Por qué es importante este objetivo para ellos? A nivel superficial, puede ser la capacidad de mejorar el poder de consumo, tener acceso a bienes y servicios de mayor calidad y disfrutarlos. Ésas son cosas normales en las que la gente piensa en relación con el dinero. ¿Pero qué más hay? Una encuesta entre nuestros clientes reveló los siguientes valores en torno al trabajo y el dinero:

- «Quiero tener un negocio para poder contribuir con mis dones al mundo». (Contribución).
- «Quiero poder usar mis talentos con mi trabajo, para que el trabajo me resulte divertido». (Variedad, diversión).
- «Quiero ganar dinero para poder pagar una buena educación para mis hijos». (Educación, contribución).
- «Quiero crear un negocio para que nuestra familia pueda trabajar junta y estar más unidos». (Familia, unión, relaciones).

- «Quiero ganar dinero para poder pagar nuestra deuda y recuperar la estabilidad emocional, estar más centrado, disfrutar más de la familia, hacer otras cosas en lugar de simplemente trabajar sin parar; así puedo dejar de estar estresado todo el tiempo, viviendo en "modo de supervivencia"». (Tranquilidad, familia, estabilidad, ocio, «afilar la sierra»).

¿Puedes ver cómo hay algunas fuerzas (impulsoras) muy poderosas debajo de las declaraciones anteriores? Fíjate cómo las necesidades como la contribución, la familia, la educación, el disfrute y la unión están desempeñando un papel fundamental en la necesidad de cumplir este objetivo. Es ese poder lo que queremos aclarar usando esta maestría: queremos descubrir estos valores para poder alinearlos con el objetivo del cliente.

En términos del punto anterior, al descubrir estos valores, llegamos a la raíz del problema: ¿qué hay debajo de los síntomas?

¿Y cuál es el resultado? Sostenibilidad. Cuando alineamos el objetivo con los valores subyacentes, es más probable que los resultados alcanzados sean sostenibles en el tiempo, porque hemos aclarado los impulsores más potentes que mantienen al cliente avanzando, motivado y enfocado.

Descubriendo lo desconocido

La belleza de la maestría de la aclaración es el poder de descubrimiento que nos brinda. Muchos coachees realmente no se dan cuenta de las verdaderas razones por las que quieren un objetivo determinado. Por lo tanto, crear esta conciencia tiene la capacidad de crear momentos «eureka», eventos mágicos de comprensión, de darse cuenta y de descubrimiento. Cuando un cliente descubre y comprende por qué quiere realmente alcanzar un objetivo determinado, esa conciencia se convierte en una fuerza impulsora que puede generar impulso primero y sostenibilidad después.

Aclarar para ayudar al cliente a cambiar la perspectiva

Cuando aclaramos y llegamos a la raíz de las motivaciones y los impulsores de por qué un cliente quiere un objetivo determinado, se logra otro resultado poderoso: el cliente puede cambiar su perspectiva. Esto a menudo toma la forma de un cambio de «debería» a «querer». Los deberes tienden a ser normas culturales que los clientes inevitablemente incorporan desde su socialización. En Occidente, el éxito material es un objetivo muy apreciado, por lo que un coachee puede acudir al coaching en busca de ayuda para lograr este objetivo: «Debería estar haciendo más dinero». Esto se forma de afuera hacia adentro.

El coaching, y específicamente en la maestría de la clarificación, profundiza y adopta un enfoque de crecimiento, de adentro hacia afuera. Estamos interesados en descubrir las motivaciones internas personales más profundas que se encuentran debajo de la meta de nuestro cliente en particular. Esto anima a los clientes a crecer y los empodera. Miramos más allá de los deberes y llegamos a sus deseos más íntimos. Por lo tanto, sucede un aprendizaje más profundo: los clientes aprenden a ejercer su propio poder interno, descubriéndolo primero y luego ejercitándolo. Un cambio de perspectiva enorme se da en ellos. Aprenden a usar más la lente de adentro hacia afuera y se establece una conexión con sus valores más profundos. La alineación de esos valores con sus objetivos puede brotar entonces con gran fluidez y de forma natural. **Entonces pueden ver la situación bajo una nueva luz y proponer alternativas y opciones nuevas y creativas.** Hay menos confusión y más claridad, y como resultado, la energía de nuestros clientes aumenta. Debido a que la confusión causa incertidumbre, ansiedad, preocupación, cuando aclaramos, llegamos a un lugar con más «oxígeno», más claridad, más relajación.

Aclarar estructuras y patrones

Como puedes imaginar, las conversaciones aclaratorias anteriores pueden proporcionar una iluminación muy rica del mundo interno de nuestro coachee. Un resultado particularmente positivo es la aclaración de estructuras y patrones. Hablamos de esto varias veces a lo largo del libro en el contexto de otras maestrías, y de la de la presencia en particular.

El patrón de «la virtud que se convierte en una limitación»

Un principio clave que aprendemos de los sistemas de tipo de personalidad como el eneagrama es el principio de «la virtud se convierte en una limitación». Según este principio, todos tenemos virtudes en nuestra personalidad, pero inconscientemente tendemos a abusar de ellas.[1] Así es como estamos construidos como humanos. Por ejemplo, podemos tener la virtud de estar orientados a los detalles: somos buenos observadores y somos excelentes en el control de calidad. Estamos muy atentos, nada escapa a nuestro escrutinio y somos capaces de producir un trabajo de excelencia que es impecable, casi inmaculado, se podría decir. Usando la maestría de la clarificación, queremos explorar patrones relacionados con esta característica de la personalidad. ¿Podemos percibir un continuo, de comportamientos funcionales a menos funcionales, relacionado con esta cualidad?

> El coaching me ayudó a identificar patrones en mi vida. Comencé a notar cómo mi orientación al detalle se convertía, a veces, en perfeccionismo. Ya no resultaba útil. Todo lo contrario; lo sentía tenso y a menudo era paralizante.
>
> —Kyla, coachee de 29 años

El ejemplo anterior ilustra muy bien cómo algo bueno puede volverse menos bueno. Si como gerente demuestro una gran atención a los

1. *Véase* la parte I, la sección de «Maestría del Potencial», «Desafiar las creencias limitantes», para una expansión de esta idea desde un ángulo diferente.

detalles, puedo presentar informes profesionales caracterizados por un lenguaje claro y efectivo y libre de errores tipográficos, erratas u otros signos de falta de atención. Pero ¿qué pasa si llevo esto demasiado lejos, hasta el punto de no ser capaz de actuar y postergar la entrega para pulir sin cesar mis presentaciones? Eso sería perfeccionismo, y ya puedes notar la diferencia. Estar orientado a los detalles es una virtud, y con ella obtienes excelentes resultados, para uno mismo y para los demás. El perfeccionismo, por otro lado, puede crear ansiedad y problemas para uno mismo y para los demás.

En el coaching, nuestro objetivo es aclarar este tipo de patrones. Intentamos arrojar luz, descubrir conjuntamente y conectar los puntos, para obtener una mayor conciencia de cómo operan éstos.

¿Dónde más está sucediendo esto?

Otro lugar de exploración en términos de patrones es tratar de entender si el problema en cuestión está sucediendo en otras áreas de la vida del coachee. Si el perfeccionismo surge como un problema en el trabajo, ¿también está sucediendo en casa? ¿También se manifiesta en las relaciones del coachee? ¿En qué manera?

Queremos explorar con el coachee y juntos descubrir estos patrones y cómo caen en cascada en diferentes áreas de su vida. El valor de encontrar patrones es que identificarlos y cavar más profundo generalmente proporciona no sólo información valiosa y una mayor conciencia sobre sus propios comportamientos, sino *también puntos de interrupción y ruptura del ciclo;* en otras palabras, abren un mundo de posibilidades para el coachee.

Tomar prestado

A veces, nuestros coachees traerán un desafío, y podemos usar la maestría de la clarificación para ayudarlos a acceder y reconectarse con los recursos ocultos.

> Necesitaba terminar un proyecto y tenía mucha presión de mi jefe para llegar a tiempo. Estaba completamente abrumado por la magnitud del trabajo a realizar. El tiempo se acababa. Me sentía atrapado y no sabía cómo comenzar a trabajar. Mi coach me preguntó cuándo en mi vida había experimentado algo similar: la necesidad de completar algo muy grande bajo la presión del tiempo. Recordé que en la universidad, una vez tuve que estudiar para el examen más grande y difícil que tuve. Volúmenes sobre volúmenes, libros apilados en todas partes, parecía una misión imposible e interminable. Pero en ese momento se me ocurrió que podía preparar una tabla simple para desglosar todo lo que tenía que estudiar en pequeños fragmentos diarios y avanzar lentamente hacia la meta. Así que «tomamos prestada» esa habilidad que desarrollé hace tantos años y abordé este proyecto con calma, dividiendo todo en partes pequeñas y manejables, con objetivos semanales. Mi ansiedad disminuyó automáticamente y pude ponerme a trabajar de inmediato.
>
> —MARTIN, coachee de 43 años

Observa cómo con la maestría de la clarificación, este coachee pudo modelar una parte exitosa de su propio comportamiento y reproducirlo en un área diferente de su vida. El coach ayudó al coachee a reconectarse con algo que ya sabía y había experimentado. Al recordar un momento en el que pudo enfrentar un desafío similar, el coachee pudo reproducir un éxito pasado y mejorar el funcionamiento en un área desafiante de hoy.

Hechos versus interpretaciones

Esta maestría también tiene como objetivo capacitar a nuestros coachees para que puedan distinguir entre hechos e interpretaciones. Ésta es una distinción clave de coaching, y ciertamente una de las más importantes.

Un hecho es algo que es indiscutiblemente real. Una cosa conocida y verificable. Por ejemplo, podemos mirar por la ventana y ver que está lloviendo. La lluvia, como simplemente agua que cae, es un hecho verificable y observable. Luego la mente entra en acción y dice: «Qué día tan horrible». Ésa es una interpretación.

Puede ser increíblemente liberador aclarar la diferencia entre hecho e interpretación, ya que crea un espacio desde donde podemos conectarnos con la presencia. Desde ese lugar donde podemos ver claramente el hecho por un lado («lluvia») y nuestra interpretación por el otro («día horrible»), podemos adquirir conciencia y, por lo tanto, elegir. Sin la conciencia, no tenemos otra opción. Por defecto, creemos, nos identificamos con la interpretación. Cuando la mente ve la lluvia y dice «día horrible», es probable que sigan automáticamente emociones y estados negativos. La palabra dice automáticamente que no hay elección allí. Comprender que la lluvia es simplemente lluvia (hecho), y que la mecánica mental simplemente la etiqueta negativamente (interpretación), abre la posibilidad de concebir alternativas diferentes, nuevas y más empoderadoras. En otras palabras, hay una retroalimentación que puede ocurrir entre la maestría de la clarificación y la maestría de la presencia.

Ejercicio

Todos los días, presta atención a eventos en el que puedas distinguir entre hechos e interpretaciones. Apunta tu registro en una tabla, como en el siguiente ejemplo.

Interpretación de lo que sucedió	Realidad (los hechos, sin ninguna interpretación)
«El tráfico es un infierno».	Coches.
«Estas personas se consideran inteligentes. Qué ridículo».	Personas.
«Qué mal gusto. Estas flores son inapropiadas».	Flores en un jarrón.
«Mi vida es un desastre. Nunca lograré avanzar en nada».	Estoy vivo.

Otras técnicas útiles para aclarar

1. Aclarar usando una o dos preguntas.
2. Aclarar usando preguntas abiertas.
3. Comparte tus percepciones y distinciones.

LISTA DE VERIFICACIÓN PARA ACTIVAR LA MAESTRÍA CLARIFICADORA

- ❏ ¿Cuál es el desafío en el que quiere trabajar el coachee? ¿Cuáles son los síntomas presentados a nivel superficial?
- ❏ ¿Cómo está respondiendo el coachee a este desafío?
- ❏ ¿Cuál es el propósito, misión/visión del coachee?
- ❏ ¿Cuáles son las necesidades y valores clave del coachee?
- ❏ ¿Cuáles son los puntos ciegos del coachee? ¿Qué se interpone en su camino?
- ❏ ¿Puedes, junto con el coachee, identificar patrones de pensamiento, sentimiento y acción?
- ❏ ¿Puedes ayudar al cliente a identificar experiencias previas de las cuales será posible «tomar prestadas» habilidades? ¿Qué hizo entonces? ¿Qué fue lo que aprendió que puede ser de ayuda con los desafíos que tiene ahora?
- ❏ ¿Puede distinguir el cliente entre hechos e interpretación de los hechos?
- ❏ ¿Puede cambiar el cliente la perspectiva de la situación?
- ❏ ¿Está el coachee menos confundido como resultado de la sesión de coaching? ¿Se siente más capaz de tomar con confianza una decisión sobre el tema en cuestión?

La maestría de establecer intenciones

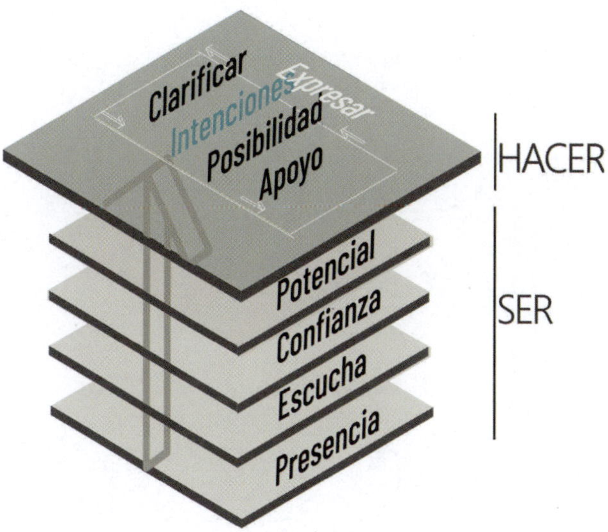

La definición de esta maestría incluye la idea de «mantener al cliente enfocado y trabajando hacia las metas previstas». Es una maestría muy poderosa que nos permite apoyar al cliente a lo largo del proceso de coaching de una manera que mantiene el *porqué* constantemente vivo: ¿por qué realmente están haciendo esto? ¿Cuál es la verdadera intención?

Como resultado de esta maestría, veremos clientes motivados, inspirados, claros, enfocados en lo que quieren lograr y con una energía renovada continuamente para avanzar. Los objetivos bien definidos que el coach apuntala y respalda con seguimientos, actúan como una atracción magnética que impulsa al cliente desde su interior para avanzar y lograr lo que desea profundamente. Y aquí radica la magia de esta maestría: los clientes se *autopropulsan* por el poder de la visión clara de sus objetivos. Cuando los objetivos se definen clara y magistralmente, se vuelven tan convincentes que la persona no puede esperar para que las cosas sucedan. Observa cómo es el objetivo en sí mismo el que «propulsa» al cliente, no el coach.[1]

Además, esta maestría ayuda al cliente a sentirse entusiasmado con el futuro y, en consecuencia, dispuesto a asumir más responsabilidad. Toda la energía del cliente y la sesión de coaching aumentan cuando se aplica esta maestría.

1. Ésta es una visión sutil pero fundamental. Un coach nunca empuja, lidera o dirige el proceso. Repasa las secciones sobre no juzgar a lo largo de la parte I y sobre no imponer en la «Maestría de expresar» para obtener más detalles sobre este aspecto fundamental del coaching.

¿A dónde quieres ir? Definir la intención exacta del cliente

> Un problema bien planteado ya está medio resuelto.
>
> —John Dewey

Muchos coaches creen que definir el objetivo del cliente es algo que se hace sólo al comienzo del proceso de coaching, como lo ilustran las preguntas clásicas de la primera sesión, como «¿Cuál es tu objetivo?». Veremos cómo la maestría de establecer intenciones realmente nos enseña a ir más allá de eso y rastrear las intenciones del cliente no como un evento único al comienzo del coaching, sino como un proceso continuo.

Define objetivos que sean INTELIGENTES (SMART)

El formato SMART (por sus siglas en inglés, *Specific, Measurable, Attainable, Relevant, and Time-Specific)* es un marco comúnmente aceptado para definir objetivos en el coaching. El acrónimo significa en español específico, medible, alcanzable, relevante y dentro de un marco de tiempo, de la siguiente manera:

- Específico:
    - ¿Qué es exactamente lo que quieres lograr?
    - ¿Qué resultado, si lo logras, pondrá una sonrisa en tu cara al final de este proceso de coaching?
    - Describe cómo se verá el futuro cuando llegues allí. ¿Qué harás que no estás haciendo hoy? ¿Qué sentirás que no sientes hoy?
- Medible: ¿cómo podemos cuantificar este objetivo?
- Alcanzable:
    - ¿Está al alcance hoy o necesitarás aprender nuevas habilidades para llegar allí?

  - ¿Este objetivo depende sólo de ti? ¿O depende de otras personas? ¿Cómo podemos describirlo de una manera que dependa sólo de ti?
- Relevante
  - ¿Por qué es importante este objetivo, por qué es relevante para ti?
  - De 0 a 10, ¿cuán importante es para ti hacer este cambio?
- Tiempo específico: ¿para cuándo quieres alcanzar este objetivo?

Además de SMART, existen otros marcos para revelar las intenciones del cliente, como PURE (por sus siglas en inglés, *Positively stated, Understood, Relevant, Ethical,* positivamente, entendido, relevante, ético).

Utilizar preguntas inquisitivas

La herramienta por excelencia que utilizamos para ayudar a nuestros clientes a definir sus metas es el conjunto de preguntas llamadas de investigación. En pocas palabras, éstas son preguntas inquisitivas que ayudan al cliente y al coach a profundizar, en un espíritu de exploración:

- Oh, ya veo... ¿Qué quieres decir con eso?
- Cuéntame más.
- ¿Qué más?

Otras preguntas que ayudan a profundizar en las intenciones son:

- ¿Qué llevó a esto?
- ¿Qué motivó esta decisión de hacer un cambio?
- ¿Lo decidiste desde dentro o fue provocado por algo que sucedió externamente/las acciones de otra persona?
- ¿Cómo te sientes acerca de este cambio? ¿Qué emociones provocaron este cambio?
- ¿Has estado en un lugar como éste antes? ¿O es la primera vez?
- ¿Qué valores/principios crees que se aplican a esta situación?

Reformular intenciones de una manera poderosa

Una vez que tenemos un inventario de fortalezas y valores de un cliente (también a partir de lo que hemos recopilado con las maestrías del potencial y la clarificadora), ahora ponemos todos esos activos en el contexto de las intenciones, para que podamos reformular los objetivos de nuestros clientes de una manera que agrega valor.

> Tenía como objetivo «poder lanzar dos nuevos productos por año». Descubrí que la motivación interna era mi aprecio por la innovación, que mi empresa pueda estar a la vanguardia de nuestro campo. Profundizando, descubrí que debajo de todo eso, influyendo y motorizando todo eso estaba mi deseo personal de ser financieramente independiente.
>
> —TOMMY, coachee de 31 años

No avances prematuramente

¿Puedes sentir cuán poderoso se volvió el proceso de coaching para el cliente anterior, una vez que la meta se basó en sus valores más profundos? Imagina lo que hubiera pasado si sólo se hubiera quedado con el «poder lanzar dos nuevos productos al año». Sin la etapa exploratoria, se convierte en un proceso mucho más débil y superficial, y como tal, no puede crear suficiente potencia interna para impulsar al cliente hacia adelante.

Los coaches sin experiencia están ansiosos por avanzar, y es posible que no dediquen suficiente tiempo para explorar los objetivos y lo que hay detrás de ellos. La etapa exploratoria es esencial, y debe preceder a los planes de acción si queremos que los resultados sean sostenibles. Como regla, recuerda: no avances cuando las intenciones aún no estén claras. En otras palabras, siempre asegúrate de dedicar tiempo a lo que es más importante para el cliente.

¿Cómo vamos? Rastrea y monitorea el progreso hacia la meta

De vez en cuando, volvemos a revisar las metas del cliente. Recordamos cuáles eran al comienzo del proceso de coaching con SMART, y necesitamos hacer recordatorios de estas intenciones originales.

Ejemplo: Matt, un gerente medio de una empresa de alta tecnología, vino a nosotros para trabajar en su productividad. No podía concentrarse y estaba postergando sus avances constantemente.

Le pedimos a Matt que calificara su nivel actual de productividad en una escala de 0 a 10. Él lo cuantificó como un 3, y su objetivo deseado era poder estar constantemente en el nivel 8 para dentro de los tres meses de comenzar el trabajo de coaching.

Observa la línea hipotética que va desde 3 (la realidad hoy, punto A) hasta la meta deseada en 8 (punto B). Es hipotética, porque el progreso y el éxito rara vez son lineales. Nosotros, los humanos, generalmente no progresamos a lo largo de una línea recta.

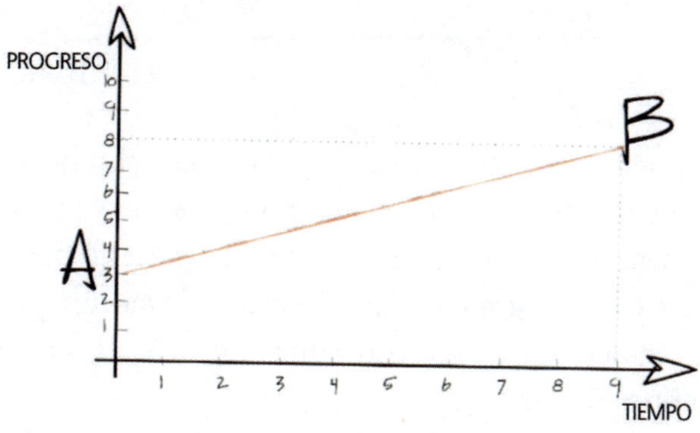

En realidad, nos topamos con todo tipo de desvíos desde la línea recta. Los cuales pueden ser positivos, como:

- Mucha energía inicial
- Picos
- Aceleraciones

También pueden ser neutrales o negativos:

- Mesetas
- Resistencia
- Regresiones
- Sentimientos de estancamiento.
- Efecto «valle de la desesperación»
- Ganas de rendirse

Al comienzo del proceso de coaching, vimos un gran progreso. Fíjate en cómo su entusiasmo inicial creo un importante despegue en dos sesiones (del nivel 3 al 6).

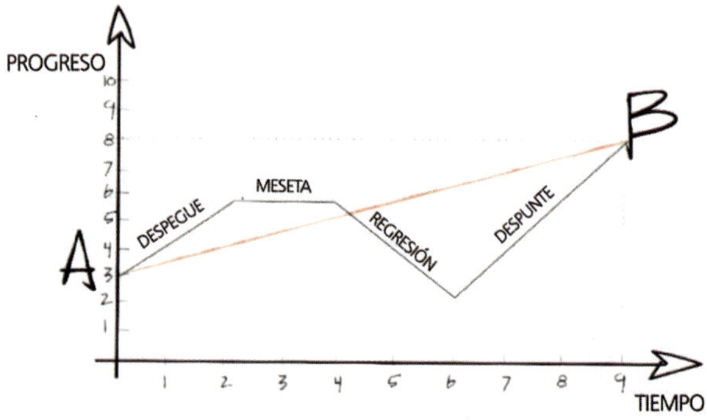

Como puedes ver, una vez que comenzamos el proceso de coaching, los vientos en contra pueden ser muy fuertes y pueden alejarnos de avanzar hacia la meta. Y eso también es cierto para desarrollos positivos como gran energía inicial, porque un pico inicial puede ser seguido por un colapso y una regresión a los niveles anteriores a la línea de base.

Por eso es tan importante ayudar al cliente a mantener el enfoque en la meta: una visión continúa y poderosa de la meta es lo que le da al coachee esperanza, fortaleza y motivación para seguir trabajando y seguir adelante.

Reenfocando

Si el cliente se desenfoca, lo ayudamos respetuosamente a volver al plan. Los coaches sin experiencia se dejan arrastrar por cualquier tema que salte o que saque el cliente: no pueden diferenciar entre permitir que el proceso se base en la agenda del cliente y seguir cada posible giro, tangente y desvío que el cliente tome. Eso destruye la estructura, porque ir en mil direcciones es igual a ninguna dirección. Dicho esto, el coach nunca insiste en que el plan original debe ejecutarse, no sólo porque es contrario a la ética del coaching,[2] sino también porque siempre hay, como veremos en la siguiente sección, la posibilidad de una redefinición de objetivos requerida. ¿Cómo debemos proceder entonces cuando percibimos un posible desvío?

A veces, el desvío puede tomar la forma del cliente manifestando un deseo de perseguir un objetivo diferente. Otras veces puede ser que percibamos una brecha entre las metas originales y las acciones que el cliente está, o no, llevando a cabo. Por lo tanto, le hacemos al cliente una serie de preguntas con la intención de explorar el lugar o la posición actual en el proceso de coaching con respecto al objetivo original y lo que está detrás de las nuevas intenciones:

- ¿Dónde estamos con respecto a las intenciones originales?
- Cuando realizamos el ejercicio de metas SMART, tú declaraste que tu meta era [meta original]. Ahora pareces querer perseguir este otro objetivo. ¿Sigues interesado en seguir el original?
- Con respecto a tu nuevo objetivo, ¿ves una conexión entre él y el objetivo original?
- ¿Qué te llevó a esta nueva decisión? Dime más acerca de eso.

Ten en cuenta que puede ser completamente posible que el objetivo original ya no sea relevante. Es un desarrollo posible en cualquier proceso de coaching. Por lo tanto, debemos estar en sintonía y consultar continuamente con el cliente y conocer sus prioridades.

2. Estamos allí para facilitar su propia toma de decisiones y definición de prioridad, no para ser el que decida o priorice por ellos.

Vine a coaching para encontrar una manera de mejorar mi matrimonio. Sentí que no me estaba comunicando como quería en mi relación. No estaba orgulloso de mí mismo. Sentía que tenía mucho que mejorar, y estábamos atravesando una crisis dolorosa. Entonces, cuando conocí a mi coach por primera vez, le dije que quería establecer una meta en torno a eso. El objetivo se convirtió en «mejorar mis habilidades de comunicación». Usamos SMART, y definí muy específicamente cómo quería verme en seis meses, al final de nuestro trabajo juntos. Cuando comenzamos a trabajar, comenzaron a tener lugar algunos descubrimientos sorprendentes. Descubrí que mis habilidades de comunicación estaban relacionadas de alguna manera con mi vida laboral sedentaria y estresante. Siempre sentí como si mi cuerpo estuviera cargado de energía negativa y nerviosa por los eventos del día, y cuando volvía a casa, siempre estaba irritable. Explorar este ángulo nos llevó a descubrir que ese escenario no era propicio para una buena comunicación. Exploramos la posibilidad de abordar el problema del sedentarismo mediante la implementación de algunas rutinas de gimnasia para principiantes divertidas pero disciplinadas. Me inscribí en un gimnasio, y el coach me hizo responsable de ir a ejercitar religiosamente, como se acordó al principio, por lo menos dos veces por semana. Luego aumentamos a tres veces. Un avance sorprendente comenzó a suceder. Estaba más tranquilo; sudar, saltar y hacer ejercicio en el gimnasio parecían eliminar toda la energía negativa que solía acumular. Dormía mejor y me sentía más feliz. Fue una manera fácil de encarar el problema. Se estaba logrando un impacto en la mejora de las comunicaciones indirectamente, a través de un objetivo aparentemente no relacionado. Por lo tanto, el objetivo en el proceso de coaching se convirtió en «ser más saludable y establecer rutinas de ejercicio físico fijas». Mi coach fue lo suficientemente flexible como para comprender y percibir sutilmente lo que estaba sucediendo, y ella me ayudó a entender cómo yo era el creador de mi propia tensión, la cual se derivaba luego en los problemas de comunicación en mi matrimonio.

—Josh, coachee de 41 años

MAESTRÍA DE CLARIFICAR

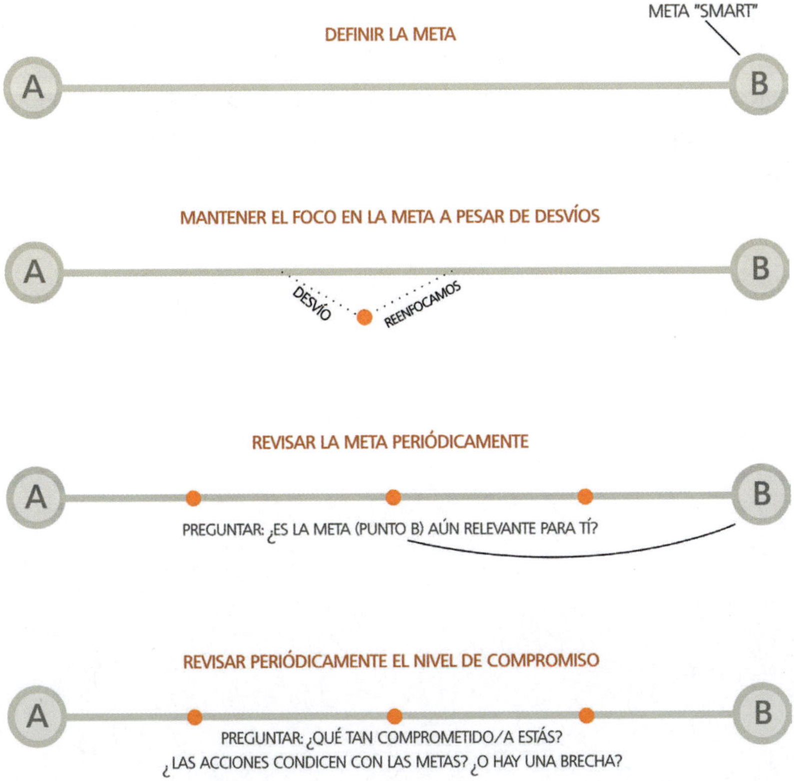

En este caso, vemos cómo Josh tenía lo que el doctor Ichak Adizes llama un «problema previo». No fue capaz de resolver el problema de comunicación hasta que resolvió su problema previo, al que podríamos llamar, por ejemplo, «No estoy centrado debido a mi estilo de vida sedentario que tiende a acumular energía nerviosa en el cuerpo».

Por lo tanto, identificar problemas previos generalmente puede ayudarnos a redefinir los objetivos originales de una manera que agregue valor y cree un avance para el cliente. Es un avance que se produce indirectamente, al abordar un problema aparentemente no relacionado.

El siguiente diagrama ilustra este fenómeno. La realidad al comienzo del proceso de coaching (A) fue que las comunicaciones entre Josh y su esposa eran problemáticas. Eso llevó a la intención de Josh de mejorar la comunicación (B). Sin embargo, al trabajar con el coach, él descubrió que otro objetivo (C) era fundamental para el logro del objetivo original. El proceso de coaching se convirtió en resolver (C).

ALCANZANDO LA META ORIGINAL (B)
A TRAVÉS DE UNA NUEVA META (C)

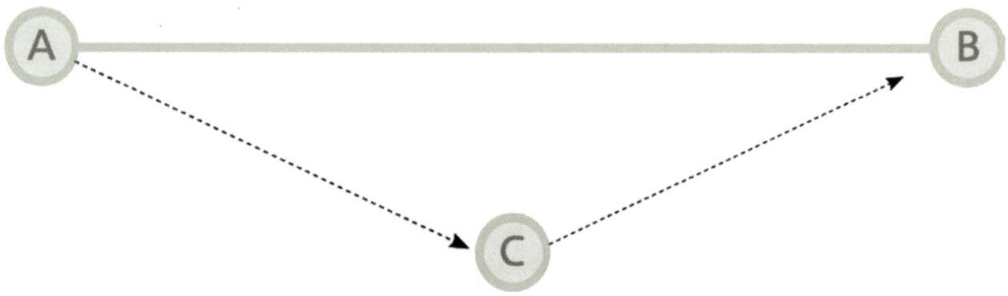

LISTA DE VERIFICACIÓN PARA ACTIVAR LA MAESTRÍA DE ESTABLECER INTENCIONES

- ❑ ¿Puedes invertir tiempo en la etapa exploratoria para aclarar intenciones y objetivos, antes de avanzar y entrar en acción?
- ❑ ¿Son precisos los objetivos del proceso de coaching, utilizando un marco como SMART?
- ❑ ¿Puedes ayudar al cliente a conectar la meta con sus valores más profundos?
- ❑ ¿El cliente se siente más capaz como resultado del coaching?
- ❑ ¿El cliente avanza hacia la meta con un sentido de propósito?
- ❑ En el camino hacia la meta, ¿el cliente asume cada vez más responsabilidades?
- ❑ ¿Estás constantemente preguntando sobre las intenciones y objetivos del cliente?
- ❑ ¿Revisas periódicamente las intenciones originales?
- ❑ ¿Celebras el progreso a medida que el cliente avanza paso a paso hacia la meta?
- ❑ Desvíos:
    - ❑ Si el cliente se desvía de los objetivos originales, ¿puedes ayudarlo sutilmente a reenfocarse?
    - ❑ ¿Eres capaz de detectar desvíos necesarios? ¿Percibir cuándo el objetivo original ya no es relevante? Para ayudar al cliente a redefinir el objetivo original en uno nuevo, ¿qué le servirá mejor?

La maestría de hacer surgir las posibilidades

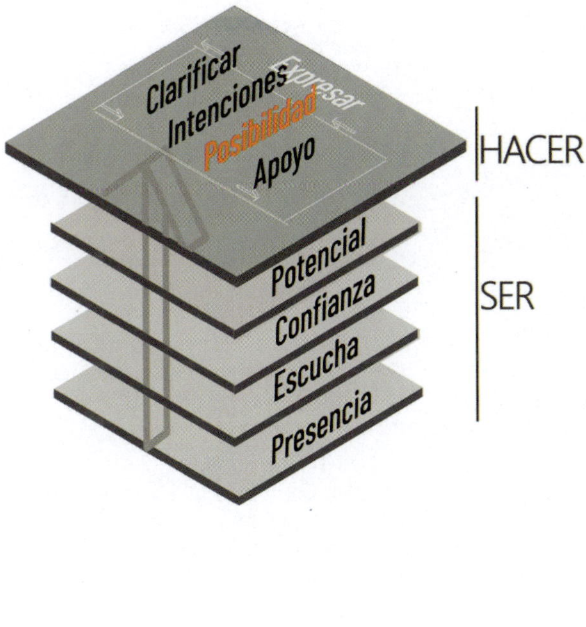

Quizás uno de los momentos más inspiradores en la profesión de coaching es cuando el coachee descubre nuevas posibilidades donde anteriormente había una sensación de estancamiento, sin opciones. De repente hay un sentimiento de expansión, de optimismo, de un entusiasmo renovado que es contagioso.

De esto se trata esta próxima maestría: tiene como objetivo fomentar un entorno en la sesión de coaching que sea propicio para la generación de nuevas opciones y posibilidades. Es una maestría que impulsa el pensamiento creativo: tratamos de «ser fuera de lo común». Fomenta la imaginación y las ideas. Es una maestría muy positiva y esperanzadora que refleja el poder desbloqueador que tiene el coaching y su poderoso impacto en los clientes. Lo que parecía imposible antes del proceso de coaching, de repente se ve como posibilidad.

Comenzaremos revisando los obstáculos al pensamiento de posibilidades y luego pasaremos a las diferentes herramientas que podemos usar para generar nuevas ideas y opciones.

Descubrir las creencias limitantes que están bloqueando la creación de posibilidades

Nací en Argentina, y a los 18 años obtuve una beca para estudiantes de bajos ingresos para estudiar en el extranjero en una universidad estadounidense líder en Nueva York. Cuando me licencié, me ofrecieron un trabajo en Buenos Aires en una empresa multinacional, así que regresé con mucho optimismo y entusiasmo. Trabajé duro y comencé a ascender hasta la gerencia. A los 26 años ya estaba casado y tenía un hijo cuando me ascendieron a un puesto directivo. Sin embargo, estaba claro para mí que, en mi profesión, sin un master, preferiblemente un MBA, mi carrera no podría avanzar mucho más. Sin embargo, estaba exhausto y no podía ver cómo podría agregar estudios de posgrado a mi trabajo y mi vida familiar. Por un lado, estaba el problema del horario. ¿Cómo podría incluir clases en mi horario semanal? En segundo lugar, el problema del dinero. Fui a la universidad pública, donde los estudios son gratuitos o muy asequibles, quise obtener información sobre los programas de posgrado, pero me enrede en un desastre burocrático: me llevaría mucho tiempo lograr que mi título estadounidense fuera reconocido. Y no estaría acreditado como un título completo debido a los diferentes sistemas que usan (el equivalente local de un título de licenciatura usa un sistema diferente, por lo que debía completar un año completo adicional de estudios de pregrado, si quería reconocimiento completo. Luego intenté buscar un programa en una universidad privada. Encontré una muy buena escuela de negocios, UTDT, pero el precio era muy caro. No tenía el dinero para financiar una escuela privada.

Me trabé y no veía cómo podría llegar a resolver esto. Estos dos problemas, mi agenda y las finanzas, me abrumaron y desmotivaron. No podía ver cómo podría obtener una maestría dadas las condiciones. Tenía demasiadas obligaciones: apoyar a mi familia, mi trabajo gerencial, muy poco tiempo y energía y, sin embargo, sabía que sin una maestría mi futuro estaba comprometido. No veía ninguna solución. Fue entonces cuando decidí intentar con el coaching.

—Marcos, coachee de 26 años,
gerente medio en una empresa multinacional

Observa el estado en el que este cliente buscó coaching. Cuando lo conocí, Marcos estaba muy confundido y con muy bajo nivel de energía. Tenía una rutina muy exigente y estaba constantemente dividido entre su vida laboral y familiar. A pesar de eso, no quería renunciar a sus sueños académicos. Como profesional dedicado, era un apasionado, perseguía el aprendizaje y el crecimiento continuos, y veía su trabajo como un arte que se mejoraba constantemente. El título de maestría era un paso natural que debía dar, el que le permitiría una mayor flexibilidad profesional y oportunidades de avanzar, un verdadero abridor de puertas para nuevos roles o puestos. Pero estaba emocionalmente abrumado por sus múltiples responsabilidades y no veía una opción viable para lograr ese objetivo.

> Las opciones son ilimitadas, pero cada ruta comienza con el mismo paso: reemplazar los supuestos.
>
> —Timothy Ferriss

Comenzamos el proceso arrojando luz a las creencias limitantes que operaban en Marcos. El tema de las creencias limitantes se presentó en la parte I con la maestría del potencial, y aquí lo analizamos en el contexto particular del bloqueo de posibilidades. Queremos mostrarles a los clientes cómo sus creencias limitantes no les permiten ver diferentes opciones (los posibles caminos y pistas que pueden llevarlos a cumplir sus objetivos) y cómo sus suposiciones interfieren con su capacidad de ver opciones.

Trabajando con Marcos, descubrimos algunas suposiciones muy poderosas que lo paralizaban. Eran éstas:

- «Debido a que no tengo dinero, no podré estudiar en una universidad privada, por lo que la universidad pública es la única opción. Y debido a que en el sistema público no reconocerán mi título a menos que invierta un año completo en revalidarlo, todas las puertas están cerradas».
- «Como estoy casado y tengo un hijo, no podré encontrar el tiempo para estudios de posgrado».

Hacer surgir las posibilidades: Generar opciones

Como se señaló anteriormente, la clave para trabajar con creencias limitantes es desafiarlas. A veces esto se puede hacer simplemente preguntando, con curiosidad. ¿Es así? ¿Cómo lo sabemos? Marcos tenía dos suposiciones poderosas que bloqueaban la posibilidad de pensar, una con respecto a las finanzas y la otra con respecto a los horarios. Preguntamos: ¿es así? ¿Es realmente definitorio que las personas con bajos ingresos no puedan estudiar en una universidad privada? ¿Y es realmente definitorio que si uno tiene una familia, los estudios de posgrado sean imposibles? Observa cómo las palabras ponen freno a la posibilidad y desencadenan creencias limitantes muy restrictivas y rígidas.

Estas simples preguntas ya arrojan algunas dudas sobre los supuestos. En lugar de verlos como verdades inamovibles y pesadas, podemos comenzar a concebir opciones fuera de ellas y a su alrededor.

Para crear un ambiente positivo propicio para la posibilidad con Marcos, necesitábamos permitir el flujo libre de ideas, sin ninguna evaluación en absoluto. El foco inicial estaba en la cantidad: cuantas más ideas, mejor. Esto fue pura lluvia de ideas: no se descartó ninguna idea, nada era demasiado loco o «imposible», e inicialmente teníamos el objetivo de reunir tantas opciones como fuera posible, todo en un espíritu de ligereza y alegría. Un error común es juzgar prematuramente la viabilidad de las ideas. Recuerda siempre que, en esta etapa, queremos permitir sólo la contribución espontánea de nuevas ideas.

Identificar los criterios conjuntamente

Lo primero que le pedimos fue identificar los criterios necesarios: ¿cómo sería el programa ideal? ¿Cuáles serían los atributos de tal programa? ¿Qué es importante para ti? Si pudieras tenerlo exactamente según tus necesidades, ¿cómo sería?

Utilizamos un rotafolio (puedes usar cualquier hoja de papel) y creamos un mapa mental que nos permitió recopilar y organizar visualmente toda la información. Aquí está:

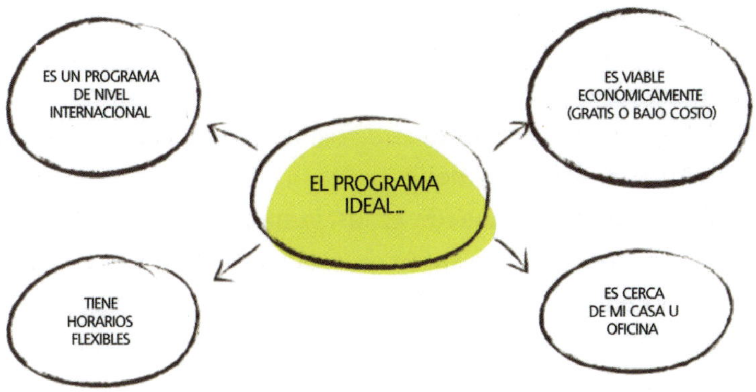

Para no interferir con el flujo espontáneo de ideas, permitimos que Marcos generara todos los criterios y sólo entonces le pedimos que clasificara todos los elementos mencionados como «imprescindibles» y «bueno de tener». En otras palabras, cuáles son los elementos que debe satisfacer el programa ideal, las cosas sin las cuales no podremos vivir. Ésos son los «imprescindibles». Y luego, cuáles son las cosas que sería genial tener, pero que no son fundamentales para la decisión. Incluso podríamos prescindir de ellas, éstos son los «bueno de tener». Éstos fueron los resultados de Marcos.

Debe tener los siguientes criterios:

- Finanzas: Gratis, o al menos muy asequible.
- Calendario: Uno que me permitirá no interrumpir mi vida laboral y familiar.
- Nivel académico: Un programa reconocido internacionalmente, y que lidere en las clasificaciones de MBA.

Sería bueno tener los siguientes criterios:

- Ubicación del campus: Cerca de la casa o la oficina para minimizar los tiempos de viaje hacia y desde las clases.

Construir una matriz para la toma de decisiones

Una vez que identificamos conjuntamente los criterios, invitamos a Marcos a investigar tantos programas como sea posible en la próxima semana, antes de nuestra próxima sesión. Al contrario de lo que hizo antes, no buscaría sólo programas públicos, sino que también recolectaría información sobre universidades públicas y privadas. Nada debe considerarse como «no posible» en esta etapa. Y cuantas más opciones se generen, mejor.

La siguiente vez que nos reunimos, juntamos toda la información recopilada y creamos una *tabla de opciones* (o *matriz de decisión,* como se la conoce comúnmente). Éste es un ejercicio destinado a estimular aún más el pensamiento creativo, «fuera de lo común». Así es como se veía la primera versión de la tabla:

	UBA (Pública)	Univ. Di Tella	Universidad Austral	Universidad de Belgrano
Imperativo				
Financieramente asequible	7000 $ Requiere un año de revalidación	20 000 $	19 000 $	17 000%
Nivel internacional de MBA (*rankings* escuelas)	No	Sí	Sí	No
Horario flexible	Horario incompatible	Horario incompatible	Horario incompatible	Horario incompatible
Sería bueno tener				
Ubicación cercana	Sí	No	No	No

Como puedes ver, las opciones para los diferentes programas van a lo largo de la fila superior de la matriz, y los criterios que identificamos previamente están en la columna izquierda. Luego comenzamos a evaluar cada programa por los criterios, columna por columna. Cuando un programa satisfacía un criterio particular, obtenía una marca de verificación. Cuando no lo obtenía, una marca X.

Por ejemplo:

¿Es asequible el programa de la Universidad Austral (costo 19 000 $)? No. Entonces obtiene una X. ¿Está reconocido internacionalmente? Sí. Entonces se pone una marca de verificación.

Esto nos permitió ver de un vistazo qué programas satisfacen la mayoría de los criterios, y así identificar un posible «ganador».

	UBA (Pública)	Univ. Di Tella	Universidad Austral	Universidad de Belgrano
Imperativo				
Financieramente asequible	7000 $ Requiere un año de revalidación ✓	20 000 $ ✗	19 000 $ ✗	17 000 $ ✗
Nivel internacional de MBA (*rankings* escuelas)	No ✗	Sí ✓	Sí ✓	No ✗
Horario flexible	Horario incompatible ✗	Horario incompatible ✗	Horario incompatible ✗	Horario incompatible ✗
Sería bueno tener				
Ubicación cercana	Sí ✓	No ✗	No ✗	No ✗

Al principio, ningún programa parecía ser el indicado. Si un programa era asequible para Marcos, como la escuela pública de la UBA, no tenía los otros requisitos. Lo mismo sucedió con los otros programas, como el MBA de la Universidad Torcuato Di Tella: era un programa reconocido internacionalmente, pero entre otras cosas, era demasiado costoso.

Al final de la sesión, todavía no habíamos visto opciones. Aquí es donde la maestría de hacer surgir las posibilidades entra en acción: en esos momentos de incertidumbre, esos momentos en los que tenemos ganas de rendirnos. Trabajamos con Marcos para estar abiertos a lo desconocido, para «dejar que la vida nos sorprenda». Y lo invité a hacer otra ronda de investigación, a pensar fuera de lo común. Ésta fue nuestra conversación:

YECHEZKEL: ¿Qué podrías hacer con este asunto que fuera totalmente alocado y audaz en la próxima semana?
MARCOS: Bueno, no lo sé. Si estuviera totalmente loco, iría a mi jefe y le pediría que pagara el MBA. *(Risas).*
YECHEZKEL: Bien. *(Pausa).* ¿Por qué no?
MARCOS: ¿Quieres decir ahora? ¡Oh, no! *(Ríe nerviosamente).*
YECHEZKEL: ¿Qué pasaría si lo hicieras?
MARCOS: No lo sé... Tal vez dirá que sí, ¿quién sabe? *(Risas).* Es mucho dinero.
YECHEZKEL: ¡Claro que lo es! ¿Estarás dispuesto a mantenerte abierto a esta posibilidad, para ver a dónde nos va llevando esto?
MARCOS: Sí.

Y se fue, volviendo a su vida después de nuestra sesión juntos. A mitad de semana recibí un correo electrónico de él diciendo que tenía buenas noticias que compartiría en nuestra próxima sesión. Lo que sucedió es que mientras investigaba más opciones de programas, descubrió una nueva tendencia: los MBA *online.* No sólo encontró opciones locales, sino que debido a que el formato era *online,* podía elegir una escuela de negocios en cualquier parte del mundo. De pronto, surgieron infinitas posibilidades. Esos programas combinan actividades y aprendizaje interactivo *online,* permitiendo a los estudiantes conectarse cuando y donde quieran. Llevan la experiencia en el aula a donde sea que estén, creando un programa que se adapta a la era digital. A partir de allí, comenzaron a aparecer más posibilidades. Agregamos una en particular, UADE, que Marcos eligió para una nueva columna.

	UBA (Pública)	Univ. Di Tella	Universidad Austral	Universidad de Belgrano	UADE MBA *ONLINE*
Imperativo					
Financieramente asequible	7000 $ Requiere un año de revalidación ✓	20 000 $ ✗	9 000 $ ✗	17 000 $ ✗	19 000 $ ✗
Nivel internacional de MBA (*rankings* escuela)	No ✗	Sí ✓	Sí ✓	No ✗	Sí ✓
Horario flexible	Horario incompatible ✗	Horario incompatible ✗	Horario incompatible ✗	Horario incompatible ✗	Horario compatible ✓
Sería bueno tener					
Ubicación cercana	Sí ✓	No ✗	No ✗	No ✗	Sí ✓

La opción universitaria de la UADE cumplía con la mayoría de los criterios: su columna obtuvo tres marcas de verificación. El único problema a resolver era el financiero. La UADE seguía siendo un programa costoso. Imbuidos con este nuevo optimismo, acordamos en la sesión de coaching que hablaría con su jefe al respecto. Y si eso no funcionaba, continuaríamos con la «lluvia de ideas» y trataríamos de encontrar una opción creativa sobre cómo resolver los problemas financieros. Para su absoluta sorpresa, el jefe de Marcos le dijo que la compañía tenía un programa de reembolso de matrícula, y que debido a su excelente nivel de desempeño en su trabajo, él tenía derecho a ello. El único requisito sería un compromiso de trabajar para la empresa después de la graduación por dos años adicionales. Marcos estaba eufórico y emocionado por la nueva posibilidad. En las sesiones posteriores, pudimos pasar a la acción para poner el plan en práctica.

Tal es el poder de la maestría de hacer surgir las posibilidades. Realmente crea algunos de los momentos más memorables en nuestro trabajo como coaches.

Algunas lecciones importantes de este caso son:

- No le *prescribí* a Marcos qué hacer. Facilité la «lluvia de ideas» y el entorno propicio para la invitación a posibilidades. A través de eso, Marcus descubrió las opciones por sí mismo.
- Mantuve las ideas *fluyendo* libremente. No construyas planes prematuramente en torno a las primeras opciones que vaya generando el coachee. No finalices. Mantén el motor en marcha. Diviértete. Cogenera y codescubre un mundo de infinitas posibilidades. Completar la matriz de decisión con varias opciones es un ejercicio y una lección para la vida: nos enseña a ser optimistas, a ser abiertos y a tomar decisiones óptimas mediante la evaluación de criterios.
- Desafié a Marcos...
  - **A pensar en grande, sin restricciones de creencias limitantes:** ¿Por qué sentir que era una persona de «bajos ingresos» que «no podría pagar una universidad privada»?
  - **A salir fuera de su zona de confort y atreverse a lo «impensable», y ver qué sucedía.** Lo que a Marcos le pareció como una solicitud atrevida fue en realidad un beneficio estándar en su empresa para los empleados de alto rendimiento. Éste es un gran ejemplo de la «película» que las creencias limitantes pintan en la cabeza de nuestros coachees, basadas en el miedo y la limitación, y cómo es esencial testear esas suposiciones en la realidad. Ahí es donde a menudo ocurre la magia. Por supuesto, no siempre descubrimos algo «que nos estaba esperando allí», ¡pero no podemos saberlo a menos que lo intentemos!
- Sé paciente y permite que lo desconocido se presente.
- Incluso cuando vimos su talento, su potencial, sus capacidades, pacientemente le permitimos progresar a su propio ritmo y no impulsamos ninguna agenda propia. Hicimos surgir la posibilidad, pero estuvimos atentos y presentes para sus respuestas.

- → **Observa el aumento gradual de la conciencia, la elección y la salida de la zona de confort (toma de responsabilidad).** El descubrimiento de opciones le permitió a Marcos un mayor nivel de conciencia de sí mismo, de lo que era posible y lo que estaba disponible para él (más allá de lo que jamás había imaginado). A partir de sus nuevas opciones, se hicieron posibles nuevas elecciones y él se esforzó y asumió la responsabilidad del proceso.
- → **Observa cómo aumentó su autoestima y su sentido de la capacidad:** los desafíos que parecían demasiado grandes para superar de repente se volvieron **conquistables** y **posibles.** Esta maestría permite trascender las barreras. Con esta maestría, preguntamos: sólo porque algo ha sucedido en el pasado, ¿por qué debe necesariamente volver a suceder nuevamente? Sólo porque no pude actuar en el pasado, ¿por qué debe seguir siendo así? Independientemente del punto de partida, siempre tenemos el poder de cambiar nuestro presente y nuestro futuro. Ésta es una creencia central en el coaching.
- → **Observa cómo, al mantenerse abierto, Marcos terminó respondiendo la poderosa pregunta** «¿De qué otra manera podría funcionar esto?» (o, «¿Hay otras vías que puedas imaginar?»). La respuesta, desconocida hasta el final del proceso, terminó siendo «programas en línea financiados por mi empresa».
- → **Presta atención a los puntos de inflexión,** donde ves el efecto antes y después de esta maestría: las cosas alcanzaron un hito cuando se descubrió la opción del programa *online*. Ése fue el «momento de la iluminación». Hasta ese momento, las creencias limitantes dominaron la escena. A partir de entonces, toda la energía cambió y se formó un impulso positivo.
- → **Observa cómo invitamos a una visión más amplia de la situación.** El ejercicio de la tabla de opciones ayudó a Marcos a ver las posibilidades desde una perspectiva más amplia.

LISTA DE VERIFICACIÓN PARA ACTIVAR LA MAESTRÍA DE HACER SURGIR LAS POSIBILIDADES

- ❑ ¿Eres capaz de percibir las limitaciones del cliente sin «comprar la historia»?
- ❑ ¿Se ha mejorado la conciencia del cliente sobre las opciones a las que puede acceder?
- ❑ ¿Puedes desafiar respetuosamente al cliente a abandonar su zona de confort?
- ❑ ¿Estás animando al cliente a pensar en grande y buscar opciones ambiciosas?
- ❑ ¿Estás facilitando la exploración de ideas? (¿O eres tú quien trabaja duro para resolver las cosas y generar ideas y opciones?).
- ❑ ¿Le estás dando al cliente espacio para explorar?
- ❑ ¿Utilizas herramientas y técnicas (como la tabla de opciones) para hacer surgir la posibilidad?
- ❑ ¿El cliente puede ver posibilidades más allá de lo que se consideraba anteriormente?
- ❑ ¿Está el cliente inspirado por las posibilidades?
- ❑ ¿Está el cliente generando más opciones y asume más responsabilidad como resultado de ver más posibilidades?

La maestría de ayudar al cliente a crear y usar estructuras de apoyo

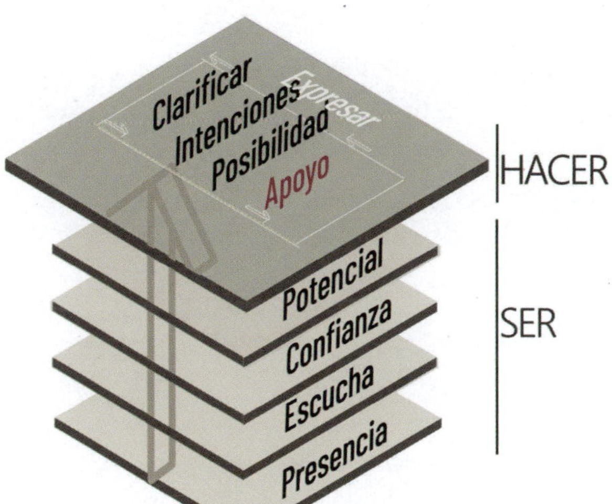

La definición de esta maestría es «ayudar al cliente a identificar y construir las relaciones, herramientas, sistemas y estructuras que necesita para avanzar y mantener el progreso». Con la ayuda de esta maestría, los clientes pueden hacer progresos sostenibles. Su objetivo es proporcionar el equipo apropiado que le permitirá al cliente sentirse seguro y confiado para avanzar y estar capacitado para tomar medidas, sabiendo que el equipo ya está disponible y sólo necesita ser identificado, o que puede ser creado.

¿Qué se puede considerar como un dispositivo de apoyo? La definición que utilizamos es muy amplia, por lo que, en el contexto de esta maestría, puede ser cualquiera de los siguientes elementos que **pueden ayudar al coachee a avanzar y mantener el progreso:**

- Herramientas
- Sistemas
- Metodologías
- Marcos
- Aprender nuevas cosas
- Personas y relaciones
- Atributos y características de la personalidad

Como puedes ver, estos recursos se pueden clasificar aún más en diferentes categorías. Podríamos hablar de recursos *externos* versus *internos*. Si sugerimos cierto libro o material para que lea el coachee, estaríamos proponiendo un recurso externo. Lo mismo si sugerimos que el mejor amigo del coachee funcione como un compañero de responsabilidad durante el proceso. Si, por el contrario, señalamos un determinado atributo que tiene el coachee que se puede utilizar en beneficio del proceso de coaching, estaríamos identificando un recurso *interno.*

> Estaba pasando por una transición difícil después de que mi compañía decidió despedirme. Éramos un grupo de colegas con mucha historia en la empresa. La nueva gerencia decidió reemplazarnos. Nos convertimos en la «vieja guardia». Fue un momento muy doloroso. Yo solía ser el tipo positivo, alentador, entusiasta, «el alma de las fiestas» que siempre estaba gastando bromas, que siempre encontraba el lado bueno de todo. Después de estos eventos, me volví muy amargado, muy negativo y pesimista. Trabajé con un coach sobre cómo reconstruir mi carrera y reinsertarme en el mercado laboral. Un desafío bastante difícil a mi edad. Y en mi estado emocional. Cuando le conté a mi coach quién era antes del cambio, me invitó a recuperar mi sentido del humor como una estructura de apoyo para reconstruir mi capacidad de recuperación y como un empoderamiento para avanzar hacia mi objetivo. Estaba allí abajo, cubierto por capas y capas de negatividad. Trabajamos duro para que volviera a salir a la superficie. Creo que eso fue lo que finalmente me dio fuerzas y desencadenó un proceso de recuperación que duró unos meses, hasta que obtuve mi nuevo puesto.
>
> —Carlos, coachee de 54 años

¿Cuáles son algunos de los problemas que vemos en los coaches sin experiencia con respecto a esta maestría? Los nuevos profesionales del coaching a menudo…

- → Corren demasiado para recomendar recursos.
- → Recomiendan recursos sin identificar primero las necesidades del cliente.
- → Recomiendan recursos que son inapropiados para el cliente. Esto podría ser por diversas razones. Tal vez el coach sugiera una práctica o herramienta que no sea financieramente factible para el cliente, por ejemplo, si el cliente es el fundador de una

startup que atraviesa dificultades económicas. O un libro que es demasiado técnico o complejo para el nivel educativo del cliente.

- Recomiendan herramientas y marcos que funcionen bien para la personalidad del coach, pero no necesariamente para el cliente. Es importante que el coach evite la trampa de sugerir *automáticamente*[1] ciertos recursos.
- Presionan para que se adopte una opción particular en lugar de intentar identificar o crear una *gama* de opciones y estructuras y herramientas alternativas.
- Confían en exceso en estructuras de apoyo aparentemente suficientes: el cónyuge del coachee, por ejemplo, o el coach mismo. Ser responsable frente al coach es importante y necesario, pero rara vez es suficiente. Es importante buscar diversas estructuras de soporte diferentes que puedan cubrir y soportar desde diferentes ángulos.

Repasemos ahora los elementos clave de esta maestría.

Unas palabras sobre cómo sugerir recursos

Como se enfatizó anteriormente en este libro, nosotros como coaches nunca usamos un estilo directivo, y no damos consejos. Eso sería antitético al coaching. Sin embargo, durante esta maestría, sugerimos, pero lo hacemos respetando todos los principios de comunicación establecidos en la maestría de expresar. Las nuestras son meras sugerencias, y siempre solicitamos permiso del cliente antes de decirlas.

---

1. Observa cómo cada vez que usamos la palabra *conciencia* tendemos, en el mismo contexto, a usar las palabras *automático* o *piloto automático.* La conciencia, la automaticidad y la elección están estrechamente relacionadas. Cuando hay conciencia, podemos ver el piloto automático, e inmediatamente hay más opciones, podemos reconocerlo y, por ende, interrumpirlo. *Véase* el capítulo «Maestría de la presencia» para un tratamiento más profundo.

Es una buena idea ofrecer diversas sugerencias y opciones, y más de una alternativa, para que el cliente tenga la libertad de sentir lo que le resuena y considerar las opciones con total libertad.

Para ilustrarlo, algunos de los formatos recomendados podrían ser...

- Existen algunas herramientas y técnicas que las personas usan en este caso. ¿Te gustaría saber más sobre eso?
- Otra cosa que la gente elige hacer es...
- Tengo una sugerencia que quizás deseas considerar sobre este asunto. ¿Te gustaría escucharla?

La clave aquí es *cómo* lo sugieres. En todo momento, debes mantener un formato *tentativo,* que nunca suene como si le estuvieras diciendo al cliente qué hacer o que parezcas seguro de que tienes la «solución».

Recursos apropiados a las necesidades y valores del cliente

> Soy un tipo muy cerebral y tiendo a «vivir en mi cabeza» con bastante frecuencia. Siempre fui muy creativo, pero tuve enormes dificultades para poner mis ideas en acción. Me encanta leer y me encantan los sistemas. Le pregunté a mi coach qué podía hacer para mejorar, porque sin tomar acción sobre mis ideas, estoy desperdiciando mis talentos. Me sugirió que leyera el libro de David Allen *Getting Things Done* (GTD). Fue un recurso ideal para mí. GTD es un sistema completo, y viene en formato de libro, y como dije, me encantan los libros y los sistemas. Ese libro me salvó la vida y descubrí cómo, con el aprendizaje y las herramientas adecuadas, en realidad puedo ser bastante productivo.
>
> —Paul, coachee de 31 años

En este caso, primero analizamos el tipo de personalidad de este coachee, y sólo entonces sugerimos un recurso que podría adaptarse perfectamente a sus necesidades. Observamos que Paul es una persona muy inteligente, perceptiva y analítica, con una fuerte preferencia por la introversión.[2] El eneagrama proporcionó un acceso directo a su personalidad, y nos dio una lista de qué «hacer y no hacer». Paul se quejó de un coach anterior que solía presionarlo y empujarlo como estrategia para «motivarlo». Pero esto sólo lo enajenó por completo. Como resultado, fue no sólo incapaz de actuar, sino que se retrajo aún más. El error fue utilizar técnicas que pueden haber funcionado bien con otros coachees extrovertidos. Pero empujar y decirle a Jim «¡Puedes hacerlo! ¡No te rindas!» sólo empeoró las cosas.

Utilizamos la maestría de la escucha comprometida para comprender profundamente las necesidades de Paul y descubrir sus preferencias de personalidad. No nos apresuramos a ofrecer soluciones. Le dimos mucho espacio, usando la maestría de la presencia. Una vez que entendimos sus necesidades y valores, estábamos en una mejor posición para ofrecer un recurso a medida. GTD es una herramienta muy versátil que puede servir a personas orientadas a la acción, así como a personas que tienen dificultades de emprenderla. Jim pertenecía al último grupo, y para personalizar aún más, sugerimos GTD en formato de libro, porque le encanta leer y tendría suficiente tiempo para reflexionar y considerar las herramientas, según su preferencia de introversión (más sobre GTD en las siguientes secciones).

La lección principal aquí es ésta: sugiere siempre recursos que sean apropiados para los valores, las necesidades y las preferencias de personalidad del cliente.

Sé sensible a la situación del coachee. Por ejemplo, ¿el coachee es un experto en tecnología? Quizás podrías recomendar el uso de aplicaciones de *smartphones* para el seguimiento de los resultados en el proceso de coaching. Por el contrario, no le des una app a una

2. Un tipo 5, el investigador, en el sistema de personalidad del eneagrama.

persona a la que le cueste la tecnología moderna, etc. Además, sé sensible a...

- La formación académica (es apropiado hablar en términos estadísticos con un graduado universitario; puede que no lo sea con una persona sin esa formación).
- Los antecedentes culturales (no sugieras a un coachee japonés cosas que funcionan en Estados Unidos pero que pueden no funcionar en Japón).
- Los antecedentes financieros (la mayoría de los clientes probablemente podrán comprar o acceder a un libro; no todos podrán permitirse opciones más caras como capacitaciones y cursos universitarios).

Como puedes deducir de estos ejemplos, la maestría de la escucha comprometida aquí también es crucial para utilizarse conjuntamente con la maestría de los sistemas de apoyo.

Conócete a ti mismo: Cuidado con recomendar tus recursos «favoritos», que son apropiados para ti, pero que puede que no lo sean para el cliente

¿Por qué es tan importante para nosotros como coaches conocernos a nosotros mismos? Porque nosotros, como humanos, tendemos a «enamorarnos» de las herramientas que funcionaron para nosotros y, sin darnos cuenta, pensamos que podrían (o peor, *deberían)* funcionar para otras personas. Éste es un error significativo. Una de las mejores inversiones que nosotros como coaches podemos hacer es aprender sobre lo que nos inspira: nuestras preferencias de personalidad y cómo se traducen en fortalezas y debilidades.

Enrolar a personas cercanas al coachee como apoyo

Muchas veces, el apoyo necesario está fácilmente disponible en forma de personas en la vida del coachee. Necesitamos explorar este ángulo. Esto se puede hacer simplemente haciendo las siguientes preguntas:

- ¿Quién crees que puede ayudarte con esto?
- ¿Cómo pueden ayudar?

Otras veces puede no ser tan evidente y tenemos que explorar: ¿hay algún familiar, amigo, colega, jefe, empleado, vecino que pueda ser reclutado como elemento de apoyo en el proceso de coaching? Siempre vale la pena explorarlo y podría significar la diferencia entre un proceso de coaching exitoso y uno que no lo es.

Algunas herramientas poderosas para apoyar y activar la acción

Hay algunos sistemas y métodos que se están convirtiendo en clásicos en el mundo del coaching y que pueden ser muy útiles para ayudar a nuestros coachees a desarrollar las habilidades y la energía necesarias para actuar. Revisemos algunos de ellos.

Redefinir objetivos en un lenguaje orientado a los resultados

Cuando le pedimos a nuestros coachees que articulen la meta del proceso de coaching, lo que generalmente sucede es que definen sus intenciones y metas en términos de actividades en lugar de resultados. Aquí hay un ejemplo de uno de nuestros coachees, gerente de una empresa líder de cosméticos.

COACH: ¿Cuál es tu objetivo?

COACHEE: Vender más.

¿Cuál es el problema con tal objetivo? No es medible. *Vender* es un verbo que indica una *acción*. El objetivo no puede ser una *acción*. Tiene que ser un *resultado*.

Coach: Vender es un verbo, una *acción*. ¿Cuál es el *resultado* de esta acción? Digamos que lo logramos. ¿Cómo te ves?

Coachee: Estamos a un nivel de un millón de dólares al año.

¿Ves la diferencia? El objetivo original era algo abstracto: vender más. Muy vago y desenfocado. Convertido en un lenguaje orientado a resultados, se vuelve claro, concreto y medible: «Tener un millón de dólares en ventas».

Planificación inversa

Podemos ir un paso más allá y expresar el objetivo como si ya hubiera sucedido.

META: Obtuvimos un millón de dólares en ventas.
Entonces podemos preguntar: Ok, si lo obtuvimos, ¿cómo es que llegamos allí? ¿Qué tuvo que haber pasado para que lleguemos allí?

SUBMETA: Nuestra nueva línea se vende con éxito.

¿Y qué debería haber pasado para que nuestra nueva línea se vendiera con éxito?

SUBMETA: Posicionar con éxito nuestra marca en las principales cadenas de supermercados.

¿Y qué debería haber pasado para que nuestra marca se posicione con éxito en las principales cadenas de supermercados?

OBJETIVO: Mejoramos la calidad de nuestros desodorantes a los estándares internacionales.

¿Y qué debería haber pasado para que la calidad de nuestros desodorantes hubiera mejorado?

OBJETIVO: Compramos una nueva fórmula de un laboratorio farmacéutico y cosmético europeo líder.

¿Y qué debería haber pasado para que pudiéramos comprar la fórmula?

OBJETIVO: Deberíamos haber negociado con éxito internamente: nuestro equipo de vicepresidentes acordó asignar los fondos necesarios para la inversión.

¿Captaste la idea? Desde un objetivo vago como «vender más», nos volvimos operativos y concretos, estableciendo lo que debe suceder en cada etapa en el camino hacia la meta. Pero, a diferencia de la planificación tradicional, en la que construimos el plan de principio a fin (qué debemos hacer primero, segundo, etc.), planificamos de fin a principio. Por eso esto a menudo se llama *diseño inverso* o *planificación inversa.* Comenzamos con el objetivo final, **visualizando cómo se ve el éxito,** y desde allí trazamos los hitos específicos que necesitamos alcanzar en cada etapa. Hay una carga energética positiva en este proceso que nos llena de vibraciones positivas y nos prepara psicológicamente para el éxito.

El proceso es eficiente: Cuando un orador te cuenta el final al principio, te da un mapa para ver a dónde va a ir yendo la presentación. Obtienes una visión general y tu energía se usa para seguir la progresión hacia la meta. Cuando éste no es el caso, la mayor parte de tu energía se invierte en tratar de seguirle el ritmo, no muy eficiente, y ciertamente muy agotador. Por eso el método de planificación hacia atrás se usa cada vez más en el coaching, la capacitación y la educación.

Definir tareas en lenguaje accionable

Mencionamos *Getting Things Done* (GTD) anteriormente en este capítulo. Permíteme mostrarte algunos usos poderosos que GTD puede tener como sistema de apoyo para pasar a la acción. Continuando con el ejemplo anterior, nuestro ejecutivo necesita establecer una reunión para negociar internamente con los vicepresidentes de la compañía cuánto dinero asignarán para la compra de la nueva fórmula de desodorante. Si él fuera como la mayoría de las personas, el ejecutivo escribirá «establecer una reunión con los vicepresidentes» en su lista de tareas pendientes. Eso podría funcionar. ¿Cuál es el problema, sin embargo, con una lista de tareas llena de tareas escritas en ese formato? Como enseña David Allen, el problema es que no estás describiendo el comportamiento físico. ¿Cómo se establece una reunión? Puedes llamarles o enviarles un correo electrónico. Entonces, cuando definimos tareas, necesitamos usar *verbos* para definir *acciones* (al contrario de lo que hicimos en la sección anterior con objetivos que deben expresarse como resultados y no acciones).

Formato de planificación y programación **sin** lenguaje de acción	Formato de planificación y programación **con** lenguaje de acción
Establecer una reunión	Enviar un correo electrónico a Mike, Tom y Jerry para invitarlos a una reunión.

¿Cuál es la ventaja del formato de acción? Cuando miras la lista, te lleva a una acción física inmediata. Elimina el pensamiento del proceso y todo lo que necesitas hacer cuando ves la tarea es simplemente realizar la acción física que está frente a ti. En este caso, enviar un correo electrónico a ciertas personas. En otras palabras, si no decides ahora qué debe hacerse para establecer una reunión, aún tendrás que decidirlo en otro momento. GTD está diseñado para que termines el ejercicio de pensamiento sobre este tema. Esto puede parecer trivial cuando se toma como una sola tarea aislada, pero cuando observas la agenda típica de un ejecutivo, hay cientos de esas tareas y, en conjunto, puede significar la diferencia entre un procrastinador agotado y estresado y un eficiente y productivo ejecutivo relajado.

La pregunta básica que Allen hace es ésta: ¿qué acción visible tomarías? Y a partir de ahí:

- ¿Levantar el teléfono y hacer una llamada? ¿Necesitas llamar a alguien?
- ¿Ir a tu ordenador y enviar un correo electrónico a alguien?
- ¿Recopilar información en Google?
- ¿Sentarte con un trozo de papel y escribir ideas?
- ¿Hablar cara a cara con alguien?
- ¿Comprar algo?
- ¿Qué?

Somos grandes admiradores de GTD y lo recomendamos a nuestros coachees. Aquí te lo hemos mostrado sólo superficialmente, así que si tienes la oportunidad, échale un vistazo en profundidad. El libro de Allen es un gran lugar para comenzar a aprender cómo apoyar la acción.

El coach como sistema de apoyo para toma de responsabilidad

Una forma clásica de apoyar a nuestros clientes es ser la estructura de apoyo para ellos. Esto sucede naturalmente en el coaching. Sin embargo, implementar alguna estructura de apoyo al final de cada sesión es de mucha ayuda. Siempre es una buena idea finalizar cada sesión con un resumen y un cierto compromiso para la acción y un recordatorio de la estructura de la toma de responsabilidad. Un conjunto de preguntas puede ayudar a este respecto:

- ¿QUÉ vas a hacer al respecto durante la semana? Si el coachee hace una declaración vaga y general como «Comer más sano», apunta a obtener algo como: «Hacer comidas de mayor calidad durante la semana».

- ¿CÓMO vas a hacerlo? «Comeré todas mis comidas en el restaurante vegetariano de la oficina».
- ¿CUÁNDO vas a hacerlo? «En todos mis descansos para almorzar en mi oficina».
- ¿CON QUIÉN vas a hacerlo? ¿Alguien más estará involucrado en esta acción? «Almuerzo todos los días con mi equipo».
- **ESTANCAMIENTOS y PLAN B: ¿Hay algo que podría salir mal? ¿Tienes un plan B si eso sucede?**».
    - Potencial problema: «Hay un día que trabajo desde casa. Y los niños dejan todo tipo de comida basura en la mesada de la cocina, y generalmente me tientan».
    - Estrategia alternativa: «Los días que trabajo desde casa, no comeré allí. Me tomaré un descanso e iré al restaurante naturista cercano. También me ayudará a obtener algo de oxígeno en lugar de estar en la oficina de mi casa todo el día».
- Toma de RESPONSABILIDAD: Esto varía mucho de un coach a otro. Algunos coaches prefieren dar espacio al coachee y revisar el progreso y la acción de sesión a sesión, sin tener contacto con sus coachees entre tanto. Otros prefieren estar disponibles para sus coachees según sea necesario, utilizando WhatsApp o el correo electrónico como dispositivos de seguimiento de responsabilidad durante la semana. Realmente depende de la situación. A algunos coachees les gusta tener a su coach disponible para recibir apoyo en cualquier momento, pero a muchos otros no. Para estar seguro, permite siempre que tus coachees decidan qué funciona mejor para ellos y no intentes imponerles un formato.

Crear estructuras alrededor de los bloqueadores reconocidos de la acción

En la sección sobre toma de responsabilidad anterior, hablamos sobre los bloqueos y qué hacer cuando aparecen en el contexto del cierre de la sesión. Pero los bloqueos también pueden ocurrir a nivel macro, a nivel de todo el proceso de coaching. Por lo tanto, podemos ofrecer a nuestros clientes un gran servicio identificando esos bloqueadores de acción y planificando qué hacer con ellos.

> Mi coachee es un escritor prolífico que, al contrario de lo que uno puede pensar, sufre con frecuencia el bloqueo del escritor. Llegó al coaching buscando trabajar en eso. Juntos, descubrimos que, aunque le encantaba escribir, le parecía una actividad un tanto aislada. Escribió la mayor parte de sus piezas desde casa. A veces pasaban días sin que saliera. Era entonces cuando el «bloqueo del escritor» entraba en acción y comenzaba a experimentar una desaceleración creativa. De repente, no había musa [...]. Ocurrió un avance sorprendente cuando, durante el proceso de coaching, surgió una posibilidad: trabajar en cafés con su ordenador portátil. No sólo le encantó la idea, ¡funcionó! Pero debido a que vive en un suburbio de montaña, necesita viajar a la ciudad, y tiene un solo coche para él y su esposa. Ella también necesitaba el coche. Así que tuvimos que encontrar una estructura de apoyo complementaria: después de una negociación, se les ocurrió la idea de que cada uno de ellos se turnara y tomara el coche tres veces por semana, y los otros días tomara el autobús a la ciudad. Pusieron el horario en la nevera. Este programa simple funcionó muy bien como una estructura de soporte secundaria para el plan original.
>
> —MARIAN, coach de vida de 38 años

Si has estado haciendo coaching el tiempo suficiente, ya sabes que un cliente que acepta el plan, incluso con entusiasmo, no equivale a que lo ejecute. Toda la emoción en el mundo no puede garantizar la acción, porque la vida está llena de distracciones y «cosas» que te siguen surgiendo, muchas veces al azar. Por lo tanto, es un paso importante identificar lo que podría interponerse y crear una estructura de soporte adicional a su alrededor.

Juego de rol

Otra estructura de soporte que podemos usar con nuestros coachees es el juego de roles. Estos ejercicios pueden brindar apoyo a nuestros coachees cuando necesitan enfrentar una situación particularmente difícil.

> Cuando mi socio y yo iniciamos nuestra empresa, yo era el autor intelectual del producto, y mi socio era el administrador y el organizador. Estaba asumiendo el papel emprendedor en todo lo que supone: no sólo la investigación de mercado y el desarrollo de productos, lo que me encantaba, sino también convencer a los inversores, que incluía vender nuestro producto, cosa que odiaba. No me gusta el papel de vender con pasión. Un compañero emprendedor me habló en ese momento sobre la «presentación relámpago»: la capacidad de describir brevemente mi producto, de tal manera que pueda decirse en el tiempo que dura un viaje en ascensor y que cualquier oyente podría entender lo que vendemos, qué es el producto para y por qué es necesario. ¡Me tomó un tiempo comprimir toda esa información en un discurso de un minuto! Al principio pensé que era muy difícil, casi imposible. Me quedaba paralizado cada vez que lo intentaba. Fallé muchas veces porque me puse muy nervioso. Y me sentí muy frustrado, porque no entendían de qué se trataba mi producto. Me faltaban oportunidades e inversores debido a esto. Con mi coach, tuve la oportunidad de practicarlo una y otra vez, hasta que finalmente lo dominé.
>
> —Ethan, empresario de 31 años

Para usar el «juego de rol» como una estructura de apoyo, el coach toma el papel de alguien con quien el coachee puede tener dificultades para interactuar. En el caso de estudio anterior, era un inversionista potencial. Practicar de esta manera ayuda al coachee a ensayar en un ambiente seguro, practicando el comportamiento deseado en la sesión para que sea más fácil cuando lo necesite hacer en la vida real. Al exponer gradualmente a los clientes a la situación que los estresa, aprenden a reducir la ansiedad que experimentan.

Una forma divertida de hacerlo es cambiar de roles. El coach puede convertirse en el inversor, y luego el cliente puede asumir ese papel. Esto introduce diferentes emociones y perspectivas y puede ayudar al cliente a pensar sobre la situación de manera más amplia.

El «cuándo»; el kairos de la maestría nueve

Los coaches sin experiencia pueden intentar, sin darse cuenta, impresionar al cliente al intentar mostrar resultados rápidos, y eso puede hacer que empujen al cliente a la acción prematuramente. Kairos, un concepto que hemos revisado previamente, es el arte del tiempo. Es una habilidad fundamental que todo coach necesita desarrollar. Es el sentido sutil de puntualidad y adecuación, y según lo definido por James Kinneavy, la conciencia de la situación de conversación o las circunstancias que abren momentos de oportunidad. Dicho en palabras simples: un coach debe ser sensible sobre qué decir y cuándo, y no debe apurar al cliente ni a actuar prematuramente ni demasiado tarde.

Podemos usar las maestrías anteriores como una guía general: una vez que hemos identificado las intenciones, hemos hecho surgir las posibilidades y, posteriormente, hemos decidido las opciones, los sistemas de apoyo pueden entrar en juego. Es hora de tomar medidas, y nos aseguramos de que los clientes tengan todo lo que necesitan, interna y externamente, antes de que se lancen a la acción.

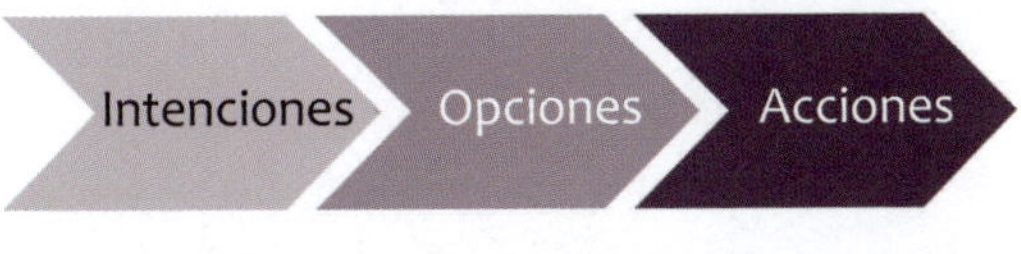

¿Cómo saber cuándo es el momento adecuado para la acción? Barbra Sundquist sugiere que una buena pista para comenzar una conversación de coaching sobre estructuras de apoyo es después de que el cliente diga algo parecido a lo siguiente:

- ¿Tienes alguna idea que pueda ayudarme?
- Sé lo que hay que hacer. Pero siento que no puedo hacerlo.
- Me gustaría recibir ayuda sobre cómo comenzar con esto.
- Sí, es hora de que haga algo al respecto.

Además, sugiere que si no hablan directamente de ello, puedes testear su preparación preguntando…

- **(Para verificar los recursos existentes):** ¿Qué has intentado en el pasado? ¿Qué suele funcionar para ti?
- **(Para crear nuevos recursos):** ¿Te interesaría buscar formas de asegurarte de que esto suceda?
- **(Para reducir la complejidad innecesaria):** ¿Cómo sería esto si fuera fácil? Ésta es una pregunta que el autor Tim Ferriss propone como una forma de evitar abrumarse y estimular la acción. Siempre se pregunta cómo encontrar la solución más fácil a los desafíos.

LISTA DE VERIFICACIÓN PARA ACTIVAR LA MAESTRÍA DE LOS SISTEMAS DE APOYO

- ❑ ¿El cliente está reconociendo recursos que anteriormente no se identificaron?
- ❑ ¿Sabe el cliente qué le facilitaría el seguimiento? Si no, pregunta.
- ❑ ¿Puedes ayudar al cliente a diferenciar entre **pasos de acción** (listas de tareas, planes de acción) y **sistemas de apoyo?**
- ❑ ¿Es capaz el coachee de identificar a las personas en su vida que pueden ser de ayuda y apoyo durante el proceso de coaching?
- ❑ Cuando sugieres recursos al cliente, ¿te aseguras de que son afines al cliente?
    - ❑ Nivel de educación
    - ❑ Nivel socioeconómico
    - ❑ Cultura
    - ❑ Preferencias de la personalidad
- ❑ ¿Fomentas el descubrimiento de recursos internos, fortalezas y habilidades?
- ❑ ¿Conoces tus propias preferencias de personalidad al sugerir herramientas? ¿Eres consciente de que las herramientas que funcionan para ti pueden no funcionar para tu coachee?
- ❑ ¿Eres capaz de identificar posibles bloqueadores para progresar y construir estructuras de apoyo a su alrededor?
- ❑ ¿Eres capaz de crear estructuras poderosas que fomenten y apoyen la toma de acciones? ¿Has establecido estructuras para la sostenibilidad de la acción y el progreso?
- ❑ El momento en que sugieres estructuras de apoyo, ¿es el apropiado? ¿Es demasiado prematuro o demasiado tarde (muy tarde en la sesión)?

Bibliografía

Adizes, I.: *Managing Corporate Lifecycles*. Santa Barbara, California: Adizes Institute Publications, 2005.

—: *The Ideal Executive: A New Paradigm for Management*. Santa Barbara, CA: Adizes Institute Publications, 2010.

Bartlett, C.: The Enneagram Field Guide: Notes on Using the Enneagram in Counseling, Therapy and Personal Growth, Portland, Oregón: Enneagram Consortium, 2003.

Beck, D. y Cowan, C.: *Spiral Dynamics: Mastering Values, Leadership and Change*. Malden, Massachusetts: Blackwell, 2005.

Britton, E.: *How to Remember Mastery 9 Before It's Too Late*. International Association of Coaching, IAC Voice, 2005. https://certifiedcoach.org/2015/11/how-to-remembermastery-9-before-its-too-late/

Covey, S. M. y Merrill, R.: *The Speed of Trust: The One Thing that Changes Everything*. Nueva York: Free Press, 2006.

Del Río, J. M. (2015). *IAC Coaching Masteries*. www.youtube.com/watch?v=Llt8_Yr6zfQ. Consultado en noviembre de 2015.

—: *IAC Historia y Filosofía*, www.youtube.com/watch?v=_BvBm7wnQ6k. Consultado en noviembre de 2015.

Ferriss, T.: *The 4-Hour Chef*. Nueva York: New Harvest, 2012.

Fine, A. y Merrill, R.: *You Already Know How to Be Great: A Simple Way to Remove Interference and Unlock Your Greatest Potential*. Nueva York: Penguin, 2010.

Gallway, W. T.: *The Inner Game of Tennis*. Nueva York: Bantam, 1984.

Gazzaniga, M.: *Who's in Charge? Free Will and the Science of the Brain*. Nueva York: Harper Collins, 2012.

International Association of Coaching, *Nine Masteries.* Ebook. www.certifiedcoach.org.

Kabat-Zinn, J.: *Wherever You Go, There You Are: Mindfulness Meditation in Everyday Life.* Nueva York: Hyperion, 2005.

—: *Full Catastrophe Living: Using the Wisdom of Your Body and Mind to Face Stress, Pain, and Illness* (ed. rev.). Nueva York: Bantam, 2013.

Kahneman, D.: *Thinking: Fast and Slow.* Nueva York: Farrar, Strauss and Giroux, 2011.

LACS Training Blog. *Effective Professional Conciseness.* https://lacstrainingblog.com Consultado en diciembre de 2017.

Laloux, F.: *Reinventing Organizations: A Guide to Creating Organizations Inspired by the Next Stage of Human Consciousness.* Bruselas, Bélgica: Nelson Parker, 2014.

Madanes, C. y Robbins, T.: *Relationship Breakthrough: How to Create Outstanding Relationships in Every Area of Your Life.* Emmaus, Pensilvania: Rodale, 2011.

Madanes, Y. y Madanes, R.: *From Stuckness to Growth: Enneagram Coaching. How to Read Your Coachees and Transform Their Lives.* Charlotte, Carolina del Sur: Madanes School Publishing, 2011.

—: *Deja de Estancarte y Crece, Las técnicas del Eneagrama aplicadas al proceso de coaching,* Barcelona: Ediciones Urano, 2012.

—: *Executive Coaching. How to Unlock Your Leadership Potential with the Enneagram and Adizes PAEI.* Charlotte, Carolina del Sur: Madanes School Publishing, 2012.

Marturano, J.: *Finding the Space to Lead.* Nueva York: Bloomsbury Press, 2014.

Mind Tools. (2017): *Backward Goal Setting.* www.mindtools.com/pages/article/newHTE_84.h.tm. Consultado en diciembre de 2017.

Riso, D. y Hudson, R.: *Personality Types: Using the Enneagram for Self-Discovery.* Nueva York: Houghton Mifflin, 1996.

Stolzfus, T.: *Coaching Questions: A Coach's Guide to Powerful Asking Skills.* Virginia Beach, Virginia: Coach 22, 2008.

Sundquist, B. y Lee, A. (2007) *The Coaching by Example CD Series.* [excelente recurso sobre las nueve maestrías del coaching]

Tolle, E.: *The Power of Now: A Guide for Spiritual Enlightenment.* Novato, California: New World Library, 1999.

—: *A New Earth: Awakening to Your Life's Purpose*. Nueva York: Penguin, 2006.

Tucker-Miller, N. (2014): *The IAC Masteries Infographics: A Beautiful Interdependence*. www.certifiedcoach.org.

Whitmore, J.: *Coaching for Performance: Growing Human Potential and Purpose*, 4.ª ed. Boston, Massachusetts: Nicholas Brealey, 2009.

ÍNDICE

Prólogo 9
Introducción 15
Agradecimientos 17
¿Por qué coaching 3.0? 19
Las nueve maestrías y la evolución de la consciencia 23
Dinámica espiral 25
¿Por qué estudiar las nueve maestrías de coaching? 45

Parte 1. Las maestrías del «Ser» 49

La maestría de la presencia 51
Desarrollar la conciencia 54
Reconocer lo que sucede en nuestra mente, nuestro corazón y nuestro cuerpo 55
Neutralizar interferencias internas 56
Responde, no reacciones 58
Estar completamente presente en el aquí y ahora 60
Ser capaces de prestar atención libre de distracciones a nuestro cliente 61
Accede a la reserva de paz interior, silencio y calma 62
Sistema 1 y sistema 2 de Kahneman 64
Unicidad 69

La maestría de la escucha comprometida 79
De escucha mediocre a escucha de excelencia 81
Estar centrado en el cliente total y completamente 84
Escuchando desde una mayor conciencia y la activación de inteligencias múltiples 86
Escuchar desde la amplitud 90

Prestar atención a la comunicación verbal y a la no verbal 91
Escuchar «internamente» 92

La maestría de la confianza 97
Paciencia para cocrear la relación 100
Cocrear y codescubrir las respuestas 101
No imponer 102
Reconocer tu propia humanidad y limitaciones 103
Solicitar sugerencias y hacer que los coachees sientan que es seguro expresarse libremente 104
El coach cree en el cliente 104
Claridad 105
Mostrar integridad 105
Ayudar al coachee a sentir que el proceso será manejable 106
El coach es competente 106

La maestría del potencial. Percibir, afirmar y ampliar el potencial del cliente 109
Percibir su esencia 112
Tener conciencia de sus dones y talentos 113
Desafiar a las creencias limitantes 115
Dejar un legado 119

Parte 2. Las maestrías del «Hacer» 125
La maestría de expresar 129
Mantener el foco en el cliente 131
Menos es más: Hablar de manera clara y concisa 133
Construir y mantener una buena relación a través de comunicaciones personalizadas 134
Adaptar tus comunicaciones utilizando las funciones de Myers-Briggs 135
Adaptar tus comunicaciones usando el eneagrama 143
Encontrar el momento adecuado y las palabras correctas para el cliente en cada momento 150

La maestría de la clarificación 153
Síntomas vs. causas 155
Clarificar valores y necesidades clave y alinearlos con el objetivo 156
Descubriendo lo desconocido 158
Aclarar para ayudar al cliente a cambiar la perspectiva 159
Aclarar estructuras y patrones 160
¿Dónde más está sucediendo esto? 161
Tomar prestado 161
Hechos versus interpretaciones 162
Otras técnicas útiles para aclarar 164

La maestría de establecer intenciones 167
¿A dónde quieres ir? Definir la intención exacta del cliente 170
Define objetivos que sean INTELIGENTES (SMART) 170
Utilizar preguntas inquisitivas 171
Reformular intenciones de una manera poderosa 172
No avances prematuramente 172
¿Cómo vamos? Rastrea y monitorea el progreso hacia la meta .. 173
Reenfocando 175

La maestría de hacer surgir las posibilidades 181
Descubrir las creencias limitantes que están bloqueando la creación de posibilidades 183
Hacer surgir las posibilidades: Generar opciones 186
Identificar los criterios conjuntamente 186
Construir una matriz para la toma de decisiones 188

La maestría de ayudar al cliente a crear y usar estructuras y sistemas de apoyo 195
Unas palabras sobre cómo sugerir recursos 199
Recursos apropiados a las necesidades y valores del cliente 200
Conócete a ti mismo: Cuidado con recomendar tus recursos «favoritos», que son apropiados para ti, pero que puede que no lo sean para el cliente 202

Enrolar a personas cercanas al coachee como apoyo 203
Algunas herramientas poderosas para apoyar y activar
la acción 203
El coach como sistema de apoyo para toma
de responsabilidad 207
Crear estructuras alrededor de los bloqueadores
reconocidos de la acción 208
Juego de rol 210

Bibliografía 215